W0470048

rencontres SAUVAGES

Textes et photographies
Laurent COCHEREL

rencontres SAUVAGES

Face à face avec la grande faune

vilo

Léopard – parc national du Serengeti – Tanzanie.
À la tombée de la nuit, le léopard se décide de se lever de sa branche basse, puis s'étire longuement avant de descendre de l'arbre et partir en chasse. Trois heures d'attente auront été nécessaires pour saisir cette image.

SOMMAIRE

À Lou et Gwilherm,

mes enfants, dont le regard et le sourire malicieux
valent toutes mes plus belles émotions de nature.
Qu'ils puissent un jour contempler de leurs
propres yeux les merveilles de la vie sauvage.

ITINÉRAIRE D'UN PASSIONNÉ

INTRODUCTION

LES ANNÉES BUISSONNIÈRES. Tout a commencé le jour où Pierre-Yves, un copain d'enfance, m'a demandé si je voulais faire un élevage d'escargots avec lui. J'avais douze ans. Cette drôle d'idée est rapidement devenue un prétexte pour se voir tous les week-ends chez lui, dans la ferme de ses parents située en lisière d'un bois. L'élevage a vite échoué mais le groupe de copains, sept au total, avait en tête de former un club nature. « Les P'tits ducs » ont vu le jour, affiliés au réseau national des clubs « Connaître et Protéger la Nature » et nourris à la lecture des journaux « La Hulotte » et « La Gazette des terriers ». Notre local, le grenier d'une grange, où était entreposé, pour notre plus grand plaisir, le jus de pomme fait maison, devenait au fil du temps un vrai bric-à-brac de jeunes naturalistes : crânes en tous genres, collection de plumes, aquarium, nichoirs, amoncellement de pelotes de rejection… un laboratoire d'école buissonnière en quelque sorte. Nos rendez-vous s'organisaient en thématiques ; il était temps pour nous d'en apprendre davantage sur la nature environnante. Pourtant, de mon côté, je rêvais déjà de lions et de nature exotique. Le bois de Romillé était notre domaine : nous y explorions les moindres recoins en quête de diverses observations, oiseaux, mammifères, insectes, batraciens, plantes, etc. La nature est une école qui ne ferme jamais ses portes. En grandissant, l'heure était venue de communiquer notre passion et donner un sens à nos actions de protection. Nous voulions expliquer au plus grand nombre pourquoi protéger les rapaces, poser des nichoirs au printemps et des mangeoires en hiver, ne pas couper les arbres morts, et bien d'autres considérations écolo. Une exposition communale s'imposait : ce fut notre première manifestation publique où chacun parlait avec passion de la nature. Depuis ce jour, ce rôle d'animateur et de « médiateur » de la nature ne m'a plus jamais quitté.

« J'ENTENDS LE LOUP, LE RENARD ET LA BELETTE… » La Bretagne a joué un rôle essentiel dans l'assouvissement de ma passion. Pourtant, le loup y a été exterminé à la fin du XIXème siècle ; quant aux renards et aux belettes, ils demeurent persécutés par des hommes dont l'ignorance n'a d'égale que leur cruauté. Néanmoins, la pointe armoricaine conserve bien des atouts naturels, plus particulièrement sur son littoral. Avec ses 2730 Km de côtes, la région décline une variété remarquable de milieux maritimes. Toute ma jeunesse a été bercée par les couleurs, les odeurs et le bruit de l'océan. Désormais, je ne peux m'en passer tel un parfum ou une musique qui s'imprègne en vous toute votre vie. Adolescent, je participais aux sorties naturalistes organisées par les associations locales et m'extasiais devant les connaissances de mes aînés. J'admirais ceux qui identifiaient un oiseau à son chant ou qui pouvaient donner le nom latin d'une libellule au premier coup d'œil ; il y avait encore tant de choses à apprendre ! Baie du Mont-Saint-Michel, baie de Saint-Brieuc, golfe du Morbihan, marais de Guérande et de Grande-Brière, île d'Ouessant… étapes incontournables pour l'observation des oiseaux migrateurs et nicheurs de Bretagne, ces « terrains de jeu » favoris se sont étoffés au fil des années. Ils n'ont quasiment plus de secrets pour moi mais je ressens toujours le besoin viscéral de m'y rendre chaque année, pour y contempler les ailes de l'Atlantique, les dauphins de passage, les phoques facétieux

En haut : Geai bleu
– Québec.

Ci-contre : Cerf mulet
– île de Kodiak – Alaska.

ou les fleurs délicates des dunes. Je me suis rapidement engagé dans des mouvements associatifs, avec « Bretagne Vivante » et la « Ligue pour la Protection des Oiseaux », pour vivre ma passion et me sentir utile à la nature. Je me suis ainsi retrouvé, entre autres, à planter des piquets de clôture dans la réserve des Marais d'Yves, en Charente-Maritime ou être animateur dans les observatoires des marais de Séné, dans le Morbihan. Ces nombreuses expériences enrichissantes, doublées d'une formation solide de terrain auprès de naturalistes confirmés et de scientifiques, m'ont donné la force de suivre de nouveaux chemins, dans le sillage de mes rêves d'enfant.

LE DOCUMENTAIRE ÉTINCELLE. C'était un dimanche gris et pluvieux. Je venais de regarder un fabuleux documentaire sur la faune asiatique et le parc national de Chitwan, au Népal. Un de ces reportages que la chaîne de télévision BBC sait si bien mettre en valeur. C'était décidé : j'irai moi aussi pister le tigre du Bengale à dos d'éléphant. Jusqu'à présent, j'avais déjà eu l'occasion de voyager en tant que guide naturaliste bénévole dans des voyages à l'étranger, en Écosse et en Irlande, où la faune est similaire à celle du territoire français. Mes envies d'exotisme n'ont jamais été effacées durant ces années de terrain proche de chez moi. Le déclic venait de se produire. Jeune étudiant fauché, je suis parti pendant un mois en Inde et au Népal, sac sur le dos, pour visiter quelques-uns des plus beaux parcs nationaux d'Asie. Au cours de ce voyage en solitaire inoubliable, je vis plusieurs tigres du Bengale, notamment dans le parc de Chitwan. Il ne me restait plus qu'à découvrir le reste du monde...

NATURALISTE PHOTOGRAPHE. Au bout de deux ans de bénévolat, j'ai été engagé par l'association « Horizons nature », pionnière dans le voyage nature en France, en qualité de guide, d'organisateur de voyages et de permanent de la structure. J'y ai fait mes armes de concepteur de voyages, tout en explorant de nouvelles régions du monde où la nature est reine. La photographie s'est naturellement imposée à moi au fil de mes périples. Comment revenir d'un voyage sans en partager les émotions d'une image ? La photographie est un véritable vecteur de rêves. J'ai très vite attrapé le virus de l'image sans pour autant m'enfermer dans le regard photographique. L'observation, dans le respect de l'animal, reste ma première approche. La photo vient ensuite, lorsque les conditions le permettent. J'ai toujours trouvé intéressant le regard complémentaire qu'offre la photographie car il permet d'être plus patient pour obtenir un cliché, de s'attarder sur des scènes, de s'intéresser aux subtilités de couleurs et de lumières. Je ne considère pas la photographie animalière comme un sujet mais comme un témoignage esthétique devant toujours être accompagné d'un récit explicite de l'auteur. Un moment de vie saisi dans une photo ne doit pas se suffire à lui-même ; le spectateur doit pouvoir en apprendre davantage. Je suis parfois triste de rencontrer des photographes qui ne savent pas identifier les espèces et abordent le monde sauvage comme ils traiteraient un sujet de mode ou un reportage sportif. Je me définis avant tout comme un « naturaliste photographe » car l'observation et la connaissance des milieux naturels restent mon violon d'Ingres.

UNE HISTOIRE D'HOMMES. Mon métier de guide et de reporter animalier m'a conduit dans de nombreux pays, là où l'homme et la nature entretiennent des relations respectueuses. J'ai souvent été ému par les gens vivant simplement au contact de la nature. Leur façon de côtoyer la grande faune, sans aucune velléité, et d'exploiter harmonieusement les ressources naturelles dépasse tous les grands discours de politique ou d'écologiste nanti. Tharus au Népal, Masaïs en Tanzanie, Bushmen en Namibie et bien d'autres tribus, ont des enseignements riches à transmettre à nos sociétés. L'homme moderne ignore encore que sa manière d'appréhender un environnement correspond à sa propre vision de son avenir et de celui de ses descendants. Aujourd'hui, produire plus en utilisant de puissants insecticides, c'est vivre demain un printemps sans hirondelles, contaminées par ces poisons. Comment imaginer cela ? Pourtant, ce scénario, parmi tant d'autres, est en train de s'écrire... La vie n'est pas une simple histoire d'hommes.

Léopard - parc national Kruger - Afrique du Sud. Ce léopard venait de tuer, au petit matin, un impala mâle. Deux hyènes avaient dérobé sa proie mais le félin avait la ferme intention de la récupérer. Après deux heures d'un intense face-à-face et de charges intimidantes, la panthère, à bout de force et haletante, réussit enfin à hisser la proie dans un arbre.

L'histoire de la terre le prouve depuis plus de quatre milliards d'années. Des êtres exceptionnels, j'en ai croisé plus d'une fois, ceux qui vouent une passion pour « leur » nature. J'ai souvent été stupéfait d'admiration devant ces gens qui consacrent leur vie à une espèce animale. De ces rencontres sont nées parfois des amitiés. Ce livre est l'occasion de leur rendre hommage. Les récits qui suivent parlent avant tout de ces personnes rares et précieuses. Ces voyages ne se résument pas à de banales aventures personnelles. Ce sont d'abord des rencontres humaines, parfois furtives, toujours vraies et bouleversantes, sur fond de nature sauvage. Je garde en mémoire un face à face inopiné avec un chasseur Hadza, au fin fond du bush, près du lac Eyasi, en Tanzanie. Un après-midi, je me faufilais entre des fourrés épars en quête de quelques oiseaux ; j'avais notamment repéré le vol magnifique d'un gobemouche du paradis. J'entendais au loin l'agitation d'une bande de babouins dans les arbres. Un léger craquement se fit entendre derrière moi ; j'eus juste le temps de me retourner pour voir surgir un Hadza, pieds nus, vêtus de quelques morceaux tissus, des grands colliers autour du cou, l'arc à la main et les flèches en bandoulière. Les Hadzabe sont les derniers chasseurs-cueilleurs d'Afrique de l'Est, pas plus de 1000 au total. L'homme, un adulte de petite taille, se dirigeait droit vers moi. Il s'arrêta face à moi, me salua d'un large sourire édenté et me pointa de son arc les arbres d'où provenait le remue-ménage des singes. Innocemment, je lui dis quelques mots en anglais. Il me répondit dans son dialecte, composé de clics, en arborant le même sourire. Il me salua d'un geste amical puis repartit en direction des singes. Nous ne pouvions communiquer mais quelques gestes et nos regards suffirent à nous comprendre. Nous nous sommes rencontrés en tant qu'hommes, sans aucune barrière de civilisations.

L'ÉCOTOURISME, UN ÉQUILIBRE ENTRE ÉCONOMIE ET ÉCOLOGIE. Les ethnies dépendent étroitement des écosystèmes où il est parfois difficile de conjuguer protection et tradition. Comment protéger la nature en respectant les us et coutumes des peuples autochtones ? Le tourisme limité est une des réponses possibles à cette question. Beaucoup de pays possèdent des attraits naturels majeurs constituant leur principale ressource économique. La politique de préservation de la nature tient uniquement aux rentrées de devises que génère le tourisme. La création de parcs nationaux se fait souvent au détriment des ethnies ou des villages limitrophes aux zones protégées. Les milieux naturels ont souvent été les otages de projets de protection où la population locale et les amoureux de vie sauvage n'avaient pas droit d'entrée. Les mentalités changent, et avec elles, de nouvelles résolutions qui tiennent compte de l'aspect économique et social d'un environnement. L'écotourisme a un rôle non négligeable à jouer, en responsabilisant les visiteurs et en participant concrètement aux actions de développement durable. Aujourd'hui, dans un monde rongé par le libéralisme et la mondialisation, la conservation des milieux naturels doit être synonyme de rentabilité, à tous les niveaux : du petit site du Conservatoire du Littoral, en France au grand parc national africain. Un animal doit être économiquement plus « rentable » vivant que mort, dans son intérêt, grâce aux revenus dégagés par des micro entreprises locales, directement liées au tourisme. Dans les pays pauvres, la lutte anti-braconnage repose essentiellement sur le soutien aux populations démunies et à la préservation de leurs ressources naturelles. Le projet Tigre en Inde, initié sous le gouvernement d'Indira Gandhi dans les années 70, illustre la fracture qui peut se créer entre une action de protection de la faune et les conditions de vie des autochtones. Le nombre total de tigres ne dépassait pas les 2000 individus, contre 40 000 au début du XXe siècle. Un programme internationale a abouti à l'établissement immédiat de neuf sanctuaires (23 de nos jours) : des centaines de villages et des milliers de villageois furent déplacés de ces zones nouvellement protégées. En l'espace de dix ans, le nombre de tigres a doublé ; le projet a donc été un succès. Toutefois, les populations locales se sont trouvées privées de lieux de pâturage pour leur

Grands dauphins – archipel des Açores – Portugal. Les eaux açoriennes, au milieu de l'Atlantique, voient défiler de nombreuses espèces de dauphins. La rencontre avec des mammifères marins est un moment saisissant et inoubliable. Lors d'une plongée, j'ai d'abord entendu les sons et les cliquetis émis par ce groupe de grands dauphins, avant de le voir apparaître des profondeurs. Curieux de nature, certains se sont approchés de moi et m'ont observé un court instant avant de fondre dans le « grand bleu ».

bétail et de collecte de bois. Vindicatifs, les villageois ont transgressés les lois, en pénétrant dans les parcs, puis ont empoisonné les tigres qui s'attaquaient au bétail. Sur le long terme, cette méthode protectionniste musclée n'a donc pas vraiment porté ses fruits, tout en désocialisant des communautés déjà dépourvues. À l'heure actuelle, les choses s'améliorent avec l'établissement de zones tampons autour des parcs où les villageois peuvent exploiter les ressources naturelles. Les confrontations avec le tigre demeurent occasionnelles. Le WWF (*World Wildlife Fund*) œuvre notamment pour l'indemnisation rapide des paysans dont le zébu a été tué par le félin.

DES COMMUNAUTÉS INVESTIES DANS LA PROTECTION. Une conservation efficace des espaces naturels doit être issue d'une concertation entre les organismes internationaux, les scientifiques locaux, les gouvernements et les populations autochtones. L'écologie est désormais le fruit d'une dialectique économique et sociale. Les projets de développement durables intègrent parfaitement cette notion d'activité équitable où les initiatives locales sont encouragées et soutenues par des fonds internationaux. Les exemples à travers le monde ne manquent pas : tribus Masaï en Tanzanie ou Sumburu au Kenya qui managent des lodges sur leurs terres ; peuple pêcheur Imraguen, en Mauritanie, qui emmènent les visiteurs sur les îlots en maintenant une activité de pêche traditionnelle dans le banc d'Arguin; les indiens Ese'ejas qui gèrent un éco-lodge en Amazonie péruvienne ; le peuple Tharu, au Népal, qui organisent des safaris à dos d'éléphant, etc. Au-delà de l'aspect financier et des alternatives de revenus que suscite le marché du tourisme, ces exemples démontrent que l'écotourisme peut aider au maintien des traditions, grâce à la création d'emplois qui évitent l'exode des jeunes, et à l'amélioration de la qualité de vie, via la construction d'écoles, de puits, de centres de soins, etc. Les populations locales deviennent alors les meilleurs défenseurs de leur environnement et les garants d'un équilibre entre activité humaine et protection de la nature, entre la raison et le cœur.

LA NÉCESSITÉ D'UN LABEL ÉCOTOURISTIQUE. Le tourisme vert a toujours été confronté à un dilemme : développer l'activité touristique sans altérer un milieu naturel et déranger les espèces animales. Ce difficile pari est différemment perçu par les tours-opérateurs et les nations axées sur le tourisme « écologique ». Le label « vert » est largement usurpé par des voyagistes opportunistes dont l'objectif est de réaliser davantage de chiffre d'affaires sans se soucier de l'intérêt fondamental et des conséquences de ce type de tourisme. Le concept d'écotourisme et ses finalités ne résonnent pas de la même manière selon les décideurs : ouvrir les sites au plus grand nombre ou limiter les visiteurs, choisir la prévention et la pédagogie à la répression, autoriser le tourisme dans des zones restreintes ou sans limite au sein des parcs ?... Les débats, toujours d'actualité, doivent aboutir à l'harmonisation internationale du tourisme à vocation écologique, régit par un code éthique et qui doit répondre à un cahier des charges, en faveur de l'économie locale et des organisations environnementales. Le Canada a d'ores et déjà pris de l'avance dans la réflexion en créant un véritable label, décerné par une instance certificative indépendante.

UN HYMNE À LA VIE. Je ne conçois mon métier qu'au travers de ces considérations qui intègrent à la fois les paramètres écologiques, économiques et sociaux d'une région visitée. Il en va de l'intérêt de la Nature et du cadre de vie de chacun des habitants de cette fragile planète. L'Homme demeure un être évolué qui appartient au cycle de la vie et de la matière comme les autres espèces animales. Chacun peut vivre sans se soucier de l'avenir de la planète mais personne ne peut mourir en bafouant la vie et les rêves de nos enfants. On oublie trop rapidement que le monde animal a bercé notre propre enfance au travers des peluches, livres et comptines. Il est certainement à la base de notre développement affectif personnel. Pourtant, une fois adulte, notre reconnaissance envers le monde sauvage n'est pas vraiment à la hauteur de ce qu'il nous a apporté au travers du rêve et de l'imagination. En effet, la liste des espèces en voie de disparition s'allonge de jour en jour... Ce livre n'est pas un plaidoyer pessimiste, où sont décrits tous les actes malveillants et cruels que l'homme porte à la Terre, mais une humble invitation au voyage et au rêve au cœur d'édens sauvages. C'est un hymne à la vie, tout simplement.

Ci-contre : Otaries à fourrure
– réserve de Cape Cross – Namibie.

Pages suivantes : Aigles ravisseurs
se disputant les restes d'un flamand nain
– cratère du Ngorongoro – Tanzanie.

AU PAYS DU TIGRE DU BENGALE

INDE, PARCS NATIONAUX DE KANHA ET BANDHAVGARH. Le ciel gronde et les feuilles de sal volent au vent. Nous quittons le parc de Kanha au crépuscule. Les premières gouttes de pluie tombent au moment où nous arrivons au lodge. L'averse amène une appréciable bouffée de fraîcheur en ce mois d'avril. Les journées sont très chaudes, jusqu'à 40°C et les pistes du parc particulièrement poussiéreuses. Juste le temps de me débarbouiller, de poser le matériel et je retrouve Sanjeev autour du feu pour la pause thé. Cette pluie salvatrice permet à la végétation d'exhaler de subtils parfums épicés.

Sanjeev est à la fois guide et manager du Khrisna Jungle Resort, un lodge situé près du village de Khatia. Malgré cette fonction de responsable, il ne manquerait un safari pour rien au monde. Sanjeev dévoue sa vie à Kanha : « Je n'ai ni femme, ni enfant, ni maison, je n'ai que Kanha ». Chaque jour de l'année, il réalise inlassablement deux safaris dans le parc.

Ce passionné est ici depuis 30 ans, il a connu Kanha avant qu'il ne soit classé « Réserve à tigres » en 1973. Une véritable encyclopédie vivante. Il m'énumère ce qui fait l'exceptionnelle richesse de ce parc national : 120 tigres, 200 léopards, 140 chiens sauvages (Dholes), 40 ours lippus, 435 cerfs de Duvaucel, 1000 gaurs, 20 000 chitals… l'addition est longue. Sanjeev a fait près de 1000 observations de tigres et me précise : « Je me rappelle de chaque rencontre : la date, le lieu et avec qui j'étais ». Les tigres de Kanha, ce sont ses enfants.

LE RÉVEIL MATIN, À DOS D'ÉLÉPHANT. Un café et quelques biscuits secs avalés rapidement, nous voilà en route, aux aurores, en direction de l'entrée du parc. Situé dans les monts Mekhal, Kanha est l'un des plus grands espaces protégés en Inde avec une superficie de près de 2000 km^2 (dont la moitié en zone tampon). Cette région vallonnée est dominée par de vastes massifs de forêts sèches, composées essentiellement de sals et de bambous, que ponctuent des marécages, des savanes et des figuiers banians centenaires. Le soleil commence à poindre au-dessus de l'horizon et enrobe d'un voile or les sous-bois sombres, mouchetés de termitières, où des troupeaux de cerfs axis déambulent paisiblement. Au moment où l'homme se réveille, bien des espèces achèvent l'essentiel de leur journée. Les prédateurs se sont déjà livrés à leur substantielle chasse nocturne. La nuit se révèle être fatale pour certains, fructueuse pour d'autres. De tout ce théâtre des ombres, nous n'en verrons que les traces ou quelques retardataires peu pressés de revenir à leurs caches diurnes. Nous arrivons le long de la forêt galerie qui concentre une végétation luxuriante. Les acacias et les figuiers banians, entrelacés de lianes, rivalisent avec les majestueux kapokiers, ou simals, qui s'ornent d'extraordinaires fleurs rouge vif au début du printemps. Une multitude de figuiers étrangleurs en quête de lumière étouffent dans leurs étreintes leurs arbres hôtes. « Vouf, vouf, vouf », un lourd battement d'ailes nous signale le passage d'un calao de grande taille.

D'ordinaire silencieux et impassible, Sanjeev s'exclame : « un calao de Malabar ! C'est un oiseau rarement observé ici ! » Un grand casque jaune et noir surmonte la tête de cet

En haut : Parc de Bandhavgarh – Inde.
Caché dans les herbes à éléphant, ce tigre du Bengale en sort brièvement pour rejoindre à nouveau la végétation dense.

Ci-contre : Parc de Kanha – Inde.
Ce face à face avec le grand fauve n'a été possible que sur le dos d'un éléphant. L'animal ne fixait pas mon appareil mais des bruits en provenance de la jungle.

oiseau haut de 65 centimètres : il s'est posé dans un figuier où il trouvera pitance. Nous l'observons tout à loisir et nous imprégnons de cette savoureuse atmosphère de la jungle au réveil. Les roucoulements d'une multitude de tourterelles émettent une bande son continue, ponctuée à l'occasion par les cris puissants des paons. Soudain, l'un d'eux quitte son perchoir et glisse dans les airs, la queue ondulante comme une traîne de mariée au vent, pour disparaître dans les herbes à éléphants. Vision surréaliste d'un oiseau que l'on croit condamné à se pavaner sur les gazons des châteaux occidentaux.
Quelques singes entelles nous observent sans bruit. Ces singes à longue queue représentent les meilleurs vigiles de la forêt : hauts perchés dans les arbres, leurs alarmes préviennent tous les autres habitants de la forêt. Il est presque déconcertant de réaliser à quel point les proies potentielles du tigre sont solidaires dans leur défense contre les prédateurs. Cette coalition des plus faibles complique énormément leur tâche. Le tigre est vite repéré lors de ses déplacements ; voilà pourquoi il préfère adopter la technique de la chasse à l'affût. Un coq bankiva, l'ancêtre du poulet domestique, lance des cocoricos qui ressemblent à s'y méprendre aux vocalisations du sultan de nos basses-cours. Ce cri burlesque est bien celui d'un animal vivant dans son milieu d'origine. Il symbolise ainsi tout l'émerveillement que suscite en chacun de nous une nature libre et sauvage.

LA RENCONTRE COULEUR DE FEU. Sanjeev attire mon attention sur un bruit étouffé, émis du fond de la forêt. Presque un miaulement. « C'est une tigresse qui appelle ses petits ; elle a probablement tué une proie et leur demande de venir manger ». Nous attendrons plusieurs dizaines de minutes sans jamais voir le fauve couleur de feu. Direction le bureau du parc, le temps de prendre un café et de s'informer des récentes observations. Chaque matin, les rangers du parc effectuent une reconnaissance avec leurs éléphants et tentent de localiser des tigres. La chance est de notre côté. Une tigresse a été repérée. Nous nous rendons aussitôt sur les lieux. Les éléphants attendent patiemment, sur le bord du chemin, la venue des visiteurs. Embarquement immédiat. À quelques centaines de mètres de là, une splendide tigresse traîne une moitié de chital qu'elle a tuée dans la nuit. Ranjeev connaît bien cette femelle : « Cette tigresse a 7 ans ; elle a trois jeunes de

À gauche : Le tigre choisit d'évoluer seul sur son territoire, totalement silencieux, et utilise la technique de la chasse à l'affût, en usant plus de son audition que sa vue et son odorat.

Page ci-contre : Nous attendions près d'un point d'eau lorsqu'une famille de tigres, un jeune mâle accompagné de trois petits, émergea silencieusement des fourrés. Il n'était pas le père des rejetons, âgés de six mois, mais un demi-frère non émancipé. Ce mâle prenait soin de la nouvelle génération pendant que leur mère partait en chasse. Une scène incroyable, aux dernières lueurs du jour, dans le parc de Bandhavgarh.

Pages suivantes : Le tigre du Bengale est le plus grand des félins : il atteint trois mètres de long pour un poids de 260 kg.

4 mois qui se trouvent à deux kilomètres d'ici ; elle va leur amener ce cerf ». Je réalise quelques clichés et nous abandonnons vite le lieu pour ne pas la perturber.

DRAME À BANDHAVGARH. Avril 2003. L'Inde vient de subir un traumatisme jamais vécu dans l'histoire de ses parcs nationaux. Une tigresse a attaqué une jeep : elle a sauté sur deux touristes français, les a blessés sans gravité puis s'est retournée sur Raj, un guide indien qui a eu le courage de sortir de son véhicule et de la tirer par la queue. Un corps à corps s'en est suivi entre la tigresse et le guide, sans blessure mortelle pour ce dernier. Le félin a fini par abandonner son attaque et s'est enfuit. La tigresse n'est pas une inconnue : il s'agit de Mohini, que tous les rangers et les guides admirent depuis de nombreuses années. Cette superbe femelle de 9 ans, fille du célèbre couple de tigres qui a marqué la mémoire du parc de Bandhavgarh, Sita et Charger, a donné naissance à onze petits en quatre portées, dont B1, B2 et B3, les trois mâles dominants du centre du parc.

Au moment des faits, elle nourrissait encore trois jeunes, cachés dans une grotte de la colline. Evoluant dans la zone touristique, elle était régulièrement observée et ne manifestait jamais de signe de mécontentement à la présence de véhicules. Qu'est s'est-il donc passé ce jour là ? Quelques indices laissent entendre que Mohini n'était pas dans un état normal. Avant l'attaque, sa gueule était en sang : blessure suite à un combat avec un autre tigre ou à une collision avec une voiture ?

Les hypothèses sont nombreuses mais aucune ne répond précisément à ce cas d'agression. La tigresse a violemment réagi en voyant les jeeps mais n'a pas sorti ses griffes, signe qu'elle ne cherchait pas à tuer. Mohini a été retrouvée morte quelques semaines plus tard, dévorée par des hyènes. Entre temps, elle n'est pas retournée dans la grotte où ses petits ont, eux aussi, péri de faim.

PLUS QU'UN ACCIDENT. Je retrouve Raj une semaine après les faits. Le bras bandé en écharpe. Son traumatisme est plus psychologique que physique. Ce propriétaire de lodge voue lui aussi une passion sans limite pour les tigres et consacre sa vie à les observer. Le visage marqué, Raj est profondément choqué. En Inde, la religion et les croyances hindouistes font partie intégrante de la vie quotidienne. Les représentations divines arborent souvent des faces d'animaux sauvages. La vie sauvage symbolise avant tout des forces mystiques. Selon la mythologie hindouiste, l'homme et le tigre ont la même « Mère Nature » et sont donc considérés comme des frères. Les touristes du lodge évoquent ce drame mais le sujet reste tabou avec Raj et son équipe. Les Indiens digèrent cet événement à leur façon, sans révéler de ressentiments à autrui. C'est probablement, pour eux, bien plus qu'un accident.

Le cerf axis est un beau cervidé tacheté d'une soixantaine de kilogrammes. Abondant dans les forêts indiennes, il représente une des proies favorites du tigre.

CARNET DE VOYAGE

Situation
Les parcs nationaux de Kanha et de Bandhavgarh se situent tout deux dans l'état du Madhya Pradesh, au centre de l'Inde. Un transfert de 6-7 heures en voiture est nécessaire entre les deux parcs (265 Km environ).

La meilleure saison
Entre novembre à avril, pendant la saison sèche. Les parcs ferment pendant la mousson, du 1er juillet au 30 septembre.

Espèces observables
Mammifères : Cerf sambar, cerf axis, cerf de Duvaucel, muntjac, antilope chinkara, antilope cervicapre, antilope tétracère, antilope nilgaut, gaur, ours lippu, Dhole (chien sauvage), chacal doré, loup indien, léopard, tigre du Bengale, hyène rayée, chat des marais (chaus), macaque rhésus, singe entelle, sanglier indien, mangoustes, etc.

Oiseaux : paon bleu, coq bankiva, aigle serpentaire, vautour royal, perruche à collier, guêpier d'Orient, martins chasseurs, etc.

S'y rendre
Vol international pour New Delhi. Transfert en train de nuit jusqu'à Jabalpur, pour Kanha (17 heures de trajet), puis 3h30 de route, 160 Km environ. Pour Bandhavgarh, gare d'Umaria, à 30 mn de l'entrée du parc.

Hébergements
En Inde, les lodges se situent tous en périphérie de parc, parfois à plus de 10 Km de l'entrée (aucune infrastructure au sein des parcs). Le choix ne manque pas le long des routes menant au parc. Privilégiez les adresses référencées par les tours-opérateurs : les prestations incluent hébergement, repas et tous les safaris (en jeep et à dos d'éléphant).
À Bandhavgarh : Nature Heritage Resort
À Kanha : Krishna Jungle Resort ou Kanha Jungle Lodge.

Informations
Site d'informations touristiques : www.indiatouristoffice.org
Wildlife Protection Society of India : www.wpsi-india.org
Tiger Information Center : www.5tigers.org

Le gaur est un énorme ongulé dont le poids, une fois adulte, atteint une tonne. Discret et farouche, il s'observe assez facilement dans le parc de Kanha.

Page ci-contre : Faon de cerf sambar. Une fois adulte, le cerf sambar atteint le poids de 270 kilogrammes et représente un mets de choix pour le tigre. Trois-quarts du régime alimentaire du tigre est basé sur les grands cervidés.

Page 26 : Singe entelle. Ces singes à longue queue représentent les meilleurs vigiles de la forêt : leurs cris préviennent toutes les autres proies potentielles du tigre ou du léopard.

Page 27 : Aigle serpentaire. Ce grand rapace chasse sous le couvert de la jungle.

AU ROYAUME DU RHINOCÉROS UNICORNE

NÉPAL, PARCS NATIONAUX DE CHITWAN ET DE BARDIA. Gun est formel : le tigre viendra boire à cet endroit précis de la rivière. Voilà près de vingt ans que Gun exerce le métier de guide naturaliste dans les parcs nationaux de Chitwan et de Bardia. Il sait mieux que quiconque repérer et interpréter les traces et les empreintes d'un tigre. Ce remarquable pisteur côtoie ces félins à longueur d'année et connaît les mœurs de chacun d'entre eux. Nous sommes sur le territoire de « Gola Bhale », le mâle en népali de ce lieu nommé Gola. Et quel mâle ! À plusieurs reprises, j'ai eu la chance de croiser le chemin de cet individu, d'apprécier sa carrure impressionnante et son total pacifisme vis-à-vis de l'homme. Le tigre possède le don d'apparaître au moment et au lieu où on l'y attend le moins. Un jour où je me promenais non loin du lodge, aux heures les plus chaudes de la journée, attiré par les chasses aériennes d'un gobe-mouche du paradis, quelle fut ma surprise d'entendre tout à coup des alarmes de cerf axis, signalant qu'un prédateur se déplaçait dans les parages. Les cervidés traversaient à vive allure le chemin forestier, sans se soucier de ma présence. Les singes entelles, haut perchés dans les arbres sur le bord du chemin, se mirent à crier à leur tour : le tigre était juste là ! À moins de quarante mètres de moi, il sortit des fourrés, traversa silencieusement la piste et en quelques pas, disparut à nouveau. En un éclair, ce tigre long de trois mètres et lourd de 250 kg, avait majestueusement occupé toute la largeur de la piste, sans un seul regard dans ma direction…

LE RETOUR DE GOLA BHALE. Agé de onze ans, Gola Bhale fait déjà figure de doyen du parc. Un tigre vit rarement à l'état sauvage au-delà de quinze ans. Les violents combats que se livrent les mâles entre eux pour conquérir ou défendre un territoire se révèlent souvent fatals pour l'un des prétendants. Gola Bhale a jusqu'à présent eu beaucoup de chance. L'année précédente, évincé de son territoire par un jeune tigre plus puissant que lui, il avait abandonné ce secteur et s'était réfugié dans les collines, acculé aux frontières du parc. Le jeune dominant connut toutefois un règne éphémère. Ce tigre avait pris la fâcheuse habitude de sortir des limites du parc et d'attaquer le bétail. La sanction fut rapide : les villageois empoisonnèrent la carcasse d'une vache fraîchement tuée par ce jeune imprudent. Le territoire devenu subitement vide, Gola Bhale a aussitôt réinvesti les lieux et retrouvé les quatre femelles qui évoluaient sur son domaine. Pour quelques temps encore, il sera le géniteur dominant de cette zone du parc.
Les jours précédents, les empreintes repérées sur les pistes ont révélées que deux tigres se suivaient côte à côte. Une des femelles est réceptive. Le couple va vivre ensemble pendant près d'une semaine et s'accoupler régulièrement, jusqu'à cinquante fois par jour, augmentant ainsi les chances de réussite de la fécondation. Cette période des amours s'achèvera avec la fin du cycle œstral de la femelle. Ce sera peut-être pour moi l'occasion de voir deux tigres adultes réunis. Un spectacle rare.

SIX HEURES D'ATTENTE. Après avoir longé la rivière sur cinq cent mètres, Gun m'indique l'endroit où nous devons nous cacher. Aucun affût élaboré n'est mis en place. Quelques recommandations simples suffiront au succès de cet affût improvisé : pour voir le tigre, il faut se mettre dans sa peau et se comporter

Le rhinocéros unicorne – parc national de Chitwan – Népal. Le rhinocéros indien est très menacé : 2000 individus seulement survivent encore dans des enclaves protégées de l'Inde et du Népal.

comme lui. En un mot, se fondre dans la végétation et attendre sans un bruit. Figurant parmi les plus grands prédateurs de notre planète, le tigre est particulièrement bien armé : il sent tout, il entend tout, il voit tout… en restant lui-même invisible.
Vêtus de tenues sombres, nous nous entourons de branches feuillues et tentons de nous asseoir confortablement, adossés à un tronc d'arbre. À partir de maintenant, aucun mouvement ne doit trahir notre présence. Nous devons être capables de rester figés pendant près de six heures. L'affût débute en début d'après-midi, sous un soleil de plomb. Il ne fait pas moins de 40° C : notre transpiration sera probablement notre pire ennemi. L'odeur de l'homme porte très loin, souvent plus loin qu'on ne l'imagine.
Fort heureusement, l'absence de vent nous est favorable. Le tigre lui aussi souffre de la chaleur à cette saison. C'est pourquoi il fréquente quotidiennement des points d'eau pour s'y abreuver et s'y baigner. Le seigneur de la jungle a ses habitudes. Durant la journée, il se rend dans quelques lieux de prédilection et en profite pour marquer son vaste territoire à coup de jets d'urine et de profondes griffures sur certains arbres. Chasseur nocturne, il se reposera durant la journée dans des endroits frais, non loin de sa proie qu'il consomme sur plusieurs jours. Ces zones de repos sont souvent des fourrés denses, inextricables, à l'abri du soleil. Nous aussi, nous avons essayé de nous abriter tant bien que mal du soleil. La nature reprend son cours normal qu'elle avait interrompu lors du passage disgracieux des Homo sapiens que nous sommes. Les oiseaux recommencent leurs chants mélodieux et berceurs. Le loriot à capuchon noir se lance dans ses phrasés aux sonorités cristallines, enveloppant la forêt d'un écho exotique. L'invisible barbu à plastron rouge martèle l'atmosphère de son incessante et puissante syllabe « tuk, tuk, tuk… » répétée à l'infini.

LES TÉNORS DE LA JUNGLE. C'est un autre son qui attire maintenant notre attention. Un grognement sourd. Un roulement coléreux presque étouffé… le tigre est là ! Impossible de localiser ses feulements. Le félin manifeste sa présence car il est mécontent. Il est gêné par quelque chose. Est-ce nous ? Ses grondements semblent nous entourer. Le tigre nous observe peut-être sans qu'on le sache. L'autre bord de la rivière est totalement envahi par des herbes à éléphant, hautes de huit mètres. C'est souvent dans ce dédale de végétation que le tigre se poste pour chasser ou pour se reposer. Les vocalisations semblent provenir de cet endroit. Quelques minutes après les derniers grognements, nous voyons apparaître sur la rive un rhinocéros unicorne. Nonchalamment, cet énorme herbivore s'immerge petit à petit sous l'eau jusqu'à ne laisser visibles que ses oreilles, son museau et sa corne. C'est l'heure de la baignade pour l'un des plus gros animaux d'Asie et l'un des plus rares également.
La corne de cette espèce est réputée pour posséder des vertus médicinales plus puissantes que celles des rhinocéros du continent africain. Le prix du kilo se négocie ainsi illégalement, sur certains marchés asiatiques, à plus de 60 000 dollars américains ! Des hommes de main sont prêts à risquer leur vie pour toucher une infime part du butin. Le tigre a probablement prévenu le rhinocéros de ne pas s'approcher de son lieu de repos. Gun avait raison : le félin a choisi de venir se reposer une fois encore près de cette rivière. Mais va-t-il daigner s'y montrer ? Nous nous jetons des regards satisfaits, non mécontents de pouvoir côtoyer ainsi le tigre dans son milieu naturel. Ce n'est pas le cas du rhinocéros qui n'aime guère le croiser, bien qu'une fois adulte il n'ait rien à craindre de lui. Le bain de notre rhinocéros n'aura duré qu'une dizaine de minutes, sans doute quelque peu troublé par la présence du fauve. Placide, le rhinocéros repart inconsciemment dans la même direction qu'à son arrivée. La menace ne se fait pas attendre : le tigre reprend ses feulements intimidants. Les herbes s'agitent et le rhinocéros vocifère à son tour son mécontentement. Ces deux géants sont-ils face à face ? À coup de soufflements et d'éternuements, le rhinocéros quitte le secteur au pas de charge, condamné à admettre la suprématie du roi de la jungle. L'incident est clos. La forêt plonge dans un silence troublant.

LA RÉCOMPENSE TANT ATTENDUE. Les heures s'allongent et défilent. Le tigre ne semble pas décider à venir boire à la rivière. Il est peut-être déjà loin. Nos muscles s'ankylosent et notre vigilance s'amenuise. Voilà

Cette espèce de rhinocéros est vraiment unique en son genre. Les épais replis de sa peau lui confèrent l'allure d'un animal cuirassé. Son arrière-train porte en outre d'étranges tubercules qui évoquent les écrous d'une porte blindée !

cinq heures que nous sommes dans l'attente. Pourtant, à aucun moment nous n'avons ressenti de lassitude. À tour de rôle, un cerf-cochon et un sanglier indien sont venus s'abreuver, nerveusement. Boire est un moment crucial pour ces animaux car ils figurent sur le menu du tigre. Ils sont contraints de se mettre à découvert l'espace de quelques secondes et de s'exposer à l'attaque foudroyante d'un prédateur.
Cet instinct de survie ne semble pas intervenir au même degré chez le paon qui depuis une heure se pavane sur le lit caillouteux de la rivière, en lançant son retentissant « léon ! ». En fin de journée, les mâles quittent leurs perchoirs, au sommet des arbres, pour exécuter à terre leurs danses nuptiales et leurs hypnotisantes roues. Nous assistons à cette effervescence reproductrice, pour notre plus grand plaisir. Des nuées de perruches à collier s'abattent sur des petites mares dans un vacarme de ménagères. Soudain, tout ce petit monde déserte les berges de la rivière, dans un fracas d'ailes. Gun me murmure à l'oreille : « tigre ! ». À cet instant, je vois sortir des herbes un tigre, la tête haute comme s'il défiait tous ceux qui se trouvaient dans le secteur. Mon pouls s'accélère nettement. Sans hésitation, il s'avance vers la rivière, s'accroupit et lape pendant des longues minutes le cours d'eau. Moment magique. « C'est une femelle » m'indique Gun. Un deuxième tigre sort de la végéta-

Éléphants sauvages d'Asie – parc national de Bardia – Népal.

CARNET DE VOYAGE

Situation
Les parcs nationaux de Chitwan et de Bardia (tous deux d'une superficie de 1000 km ^{2}) se situent dans la région du Teraï, enserrée au sud par la frontière indienne et au nord, par les premières montagnes, les Churia ou Siwalik. Terre d'alluvions formant le piémont de l'immense plaine indo-gangétique, le Teraï constitue une étroite bande fertile de près de huit cents kilomètres de long sur quarante de large, innervée par plusieurs affluents du Gange.

La meilleure saison
Pour l'observation de la faune, pendant la saison sèche, de début octobre à fin avril. D'octobre à janvier (nuits froides et journées clémentes ; environ 20°C), le temps clair permet une vue magnifique sur les montagnes de l'Himalaya. De mars à avril, les journées sont très chaudes (entre 30 et 45°C). En période de mousson, de mi-juin à mi-septembre, la plupart des hébergements touristiques sont fermés.

Espèces observables
Chaque site possède des intérêts naturels remarquables : il n'est possible de voir des cerfs de Duvaucel et des éléphants sauvages qu'à Bardia, des gaurs qu'à Chitwan. Il y a toutefois plus de faune à Bardia (et moins de touristes).

Espèces : tigre du Bengale, rhinocéros unicorne, éléphant d'Asie, léopard, ours lippu, singe entelle, macaque rhésus, sanglier indien, cerf-cochon, muntjac, cerf axis, cerf sambar, gaur, gavial du Gange, crocodile des marais, loutre de rivière, dauphin du Gange (rare), etc. Les espèces d'oiseaux sont nombreuses (calao bicorne notamment). Le parc de Chitwan compte près de 500 espèces, le site le plus riche d'Asie.

S'y rendre

Vol international pour Katmandou. Chitwan est à 6 heures de route de Katmandou ou 30 mn de vol intérieur. Le parc de Bardia, moins fréquenté que Chitwan, se situe à l'Est du pays, à 1h15 de vol de la capitale, pluis deux heures de route de Nepalgunj. Bardia se situe au cœur du pays Tharu, une ethnie paysanne aux traditions séculaires.

Hébergements

Quelques hébergements bon marché existent en périphérie de parc, dans des secteurs pauvres en faune et mal équipés pour les safaris. Privilégiez les lodges et camps haut de gamme situés à l'intérieur du parc ; ces infrastructures proposent des forfaits avec toutes les activités incluses : safaris à dos d'éléphant, en jeep, affûts, marches à pied, descente de rivière en canot. Une expérience inoubliable. Les camps et lodges « Tiger Tops » sont les meilleurs pour leur situation géographique et la qualité des activités.

Informations

Hébergements « Tiger Tops » à Chitwan et Bardia : www.tigermountain.com

tion, beaucoup plus gros cette fois : Gola Bhale ! Les deux félins se frottent l'un contre l'autre en déambulant sur la langue de terre qui s'avance dans la rivière. La femelle pénètre en premier dans l'eau et se dirige droit vers l'autre rive. Gola Bhale en fait autant quelques secondes après. Les deux tigres traversent en nageant cette rivière devenue pourpre avec les derniers rayons de soleil. Nous désertons à notre tour les lieux, heureux comme des enfants.

Ci-dessus : Le macaque rhésus n'élève qu'un seul petit à la fois. Grégaire, ce singe vit en groupe qui peut dépasser la cinquantaine d'individus. Au Népal, il se rencontre aussi bien dans les forêts, où il est assez farouche, que dans les villes où son tempérament chapardeur ne passe pas inaperçu.

Ci-contre : Grande civette indienne. Habituellement nocturne, cette civette s'est laissé surprendre alors qu'elle se reposait sur une branche d'arbre.

Ignorant la présence du tigre, les cerfs axis combattent violemment pour prendre la tête d'un harem. Leurs bois s'entrechoquent et se soudent les uns aux autres dans un craquement sec. Corps plié, tête tordue, l'un des prétendants abandonnera subitement l'affrontement.

Pages suivantes : Après six heures d'attente, la récompense tant espérée : le couple de tigres émerge des herbes à éléphant puis traverse la rivière dans le feu du soleil couchant.

DANS L'ANTRE DES FAUVES D'AFRIQUE

TANZANIE, PARC NATIONAL DU SERENGETI. Dormir dans la savane africaine, c'est ressentir le cœur battant de la vie sauvage, auréolé de mystère : durant la nuit, les rugissements des lions, les cris des hyènes, les grognements des hippopotames et autres vocalisations nocturnes, ponctuent le sommeil du visiteur. À aucun moment, le silence enveloppe vraiment ces clairs obscurs où scintille une myriade d'étoiles. Les animaux pénètrent parfois dans le périmètre des campements, sans mauvaise intention. La présence d'un lion, près des tentes, a de quoi tétaniser ses occupants mais le fauve déambule au cœur de la nuit pour marquer son territoire, en scandant de puissants rugissements qui peuvent porter, sur terrain plat, jusqu'à cinq kilomètres de distance.

Au crépuscule, en balayant avec une lampe torche les environs d'un camp, il est courant de voir les malicieuses prunelles de quelques hyènes briller dans la pénombre. En quête de la moindre nourriture, ces resquilleuses attendent d'investir, avec prudence, l'aire de camping. J'ai eu l'occasion d'observer leur remue-ménage, en dormant dans le véhicule, et de constater leur minutieuse inspection de chaque mètre carré du campement, se hasardant à tirer le moindre objet de leurs redoutables mâchoires. Tintamarre assuré ! Une fois n'est pas coutume, j'ai troqué le camp de brousse pour le lit douillet d'un lodge, placé lui aussi en plein bush, dans la vallée de Seronera. Le charme de la nuit en savane n'est pas pour autant édulcoré.

J'ai pu entendre les principaux protagonistes nocturnes et le passage, à l'entrée des chambres, d'une « tondeuse » de trois tonnes : un hippopotame qui est venu pâturer l'herbe tendre du lodge. Ses bruits de mâchoires équivalent à ceux d'une faux. Gare à l'imprudent qui voudrait déloger ce « rouleau compresseur » ! Aux heures les plus fraîches, les hippopotames peuvent s'éloigner jusqu'à dix kilomètres de leur lac ou de leur rivière pour se substanter sur des herbages de qualité.

PANIQUE CHEZ LES DAMANS. Le « Seronera Wildlife Lodge » possède une architecture étonnante : il a été construit parmi les kopjes, ces énormes blocs granitiques qui se dressent au milieu de la savane et qui servent de lieux de vie pour de nombreuses espèces. Les damans des rochers en sont les maîtres des lieux. Ces petits herbivores au pelage gris, de 2 à 5 kg, rappelant des marmottes, trouvent refuge dans les anfractuosités des rochers où ils forment de petits clans familiaux. Résidents permanents du lodge, ils ont appris à ne plus craindre l'homme et se laissent nonchalamment observer. Cet étrange ongulé est un proche parent de l'éléphant ! De près, on peut constater que ses curieuses pattes sont terminées par des coussinets élastiques, à l'instar du grand pachyderme. Cet attribut favorise une meilleure adhérence sur les rochers qu'il escalade avec agilité.

Au lever du jour, les damans sortent des amas rocheux pour se réchauffer au soleil, blottis les uns contre les autres, et demeurent apathiques une bonne partie de la journée. Ce matin, un vent de panique souffle sur la colonie : un grand varan prospecte la moindre fissure rocheuse en quête de jeunes damans. Postés en hauteur, les damans sautent d'un point d'observation à un autre, en lançant des sifflements, ne perdant pas de vue les déplacements du lézard. Cette agitation inhabituelle attire également les hôtes

En haut : Les pintades de Numidie échappent aux prédateurs en dormant sur les branches des acacias.

Ci-contre : Posté sur une termitière, ce magnifique lion à la crinière flamboyante offre une allure hiératique, le regard fixé sur les mouvements de la savane.

du lodge, ce qui a pour effet immédiat de décourager le reptile qui opte pour une solution temporaire de repli. Damans et touristes semblent soulager de l'issue heureuse de cet affrontement ; le lodge replonge dans le rythme serein du réveil de la savane. Ces grassouillets plantigrades font aussi l'objet d'attaques par d'autres prédateurs comme l'aigle de Verreaux, ou encore la vipère heurtante et parfois, le léopard en personne. Ce dernier s'est d'ailleurs déjà invité dans la salle à manger du lodge, provoquant l'effroi général. Plus de peur que de mal, le félin cherchait juste à croquer un membre de la colonie des damans. Dans le Serengeti, tout est possible, même assis sur une terrasse devant sa tasse de café !

UN OCÉAN D'HERBES. Je retrouve Emmanuel, mon guide tanzanien, qui exerce la profession de guide de safari depuis plus de dix ans. Le Serengeti n'a plus vraiment de secrets pour lui mais il ne se lasse pas d'observer le peuple de la savane. Au contraire, il se délecte des scènes de vie sauvage qui s'offrent à nous quotidiennement. Chaque safari compte son lot de surprises. Nous avons décidé de quitter la vallée de Seronera, et ses élusifs léopards, pour les plaines du sud. Situé au centre du parc, Seronera constitue un biotope de transition entre la savane herbeuse du sud et celle boisée du nord. La végétation y est variée, notamment le long des forêts-galeries : euphorbes candélabres, commiphores, acacias, palmiers, etc. Les ongulés sont toujours abondants dans cette région, principalement les troupeaux d'impalas et de damalisques topis.

C'est l'époque du rut chez les impalas : chaque mâle, muni de gracieuses cornes lyrées, défend ardemment son harem comprenant plusieurs dizaines de femelles. Les topis, au pelage sombre, font en permanence face au soleil, ce qui limite la surface d'échauffement et la perte d'eau par transpiration. Le mâle topi représente la vigie de la savane : il monte la garde, dressé sur une termitière. Il en profite pour déposer, sur les monticules, la sécrétion de ses glandes interdigitales afin de marquer son territoire. Le véhicule tout-terrain s'élance sur la piste poussiéreuse en direction de la porte d'entrée méridionale du Serengeti, Naabi Hill, située à 50 km au sud de Seronera. Dans ce secteur, le milieu change radicalement : la steppe déroule ses étendues herbeuses à perte de vue. Les arbres y sont quasiment absents. C'est le royaume de l'herbe et de ses millions d'herbivores, présents pendant la saison des pluies. Dans cet époustouflant décor, seuls les kopjes dessinent sur l'horizon quelques énigmatiques reliefs. Le chaos minéral s'impose avec force sur l'univers végétal. Les kopjes (nom d'origine néerlandaise signifiant « petites têtes ») sont d'imposantes roches granitiques anciennes, brisées et fragmentées en se dilatant sous

Furtif, souple, silencieux, le léopard, appelé aussi panthère, est une lueur tachetée qui se faufile entre les ombres. Essentiellement nocturne, il se dérobe à tous les regards et, lorsque les premiers rayons de soleil se font ressentir, l'élusif félin a déjà pris place dans son arbre salvateur où il somnolera pendant de longues heures, près de sa proie désarticulée, coincée dans la fourche d'une branche.

Carnet de voyage

Situation
Nord Tanzanie. Le Ngorongoro se situe à 5 heures de route et de piste, en 4x4, de la ville d'Arusha ; le sud Serengeti, à 2h30 de piste du cratère.

La meilleure saison
La Tanzanie est intéressante à visiter toute l'année, même pendant la saison des pluies. Chaque mois possède ses spécificités, en fonction des déplacements de la faune. La vie dans le Serengeti est rythmée par les pluies et la régénération des herbages qui attirent plus de deux millions d'herbivores. Ces derniers suivent un cycle annuel, plus ou moins variable selon l'arrivée des pluies, qui les conduit dans différents secteurs géographiques de l'écosystème Serengeti-Masaï-Mara. Voici un bref descriptif, mois par mois, de leur incroyable migration :
Janvier : temps sec, la migration se trouve vers le Sud du Serengeti en limite de l'aire du Ngorongoro. Pic de naissance des zèbres.
Février : temps sec, la migration se trouve dans le Sud du Serengeti, notamment dans la zone N'dutu. Naissance des gnous pendant 3 semaines.
Mars : début des grandes pluies, la migration remonte vers l'Est.
Avril : grandes pluies, la migration se déplace vers le centre (secteur de Seronera).
Mai : grandes pluies, la migration se dirige vers l'Ouest : depuis les collines Naabi, les ongulés suivent la rivière Mbalageti jusqu'à la rivière Grumeti. Dans la savane arborée, les gnous forment des colonnes de plusieurs kilomètres de long (jusqu'à 40 km !)
Juin : les pluies diminuent, la migration a atteint le Western Corridor. Le passage de la rivière Grumeti assure le festin des crocodiles.
Juillet : c'est l'hiver et il fait froid le matin ; la migration quitte la rivière Grumeti et se dirige vers le nord, dans les collines boisées de Lobo. Une grande partie des animaux se trouve dans l'aire de contrôle de Grumeti, secteur limitrophe au parc du Serengeti.
Août : La migration atteint l'aire de contrôle d'Ikorongo, adjacent au parc du Serengeti et au-dessous de la frontière kenyane. Une partie des herbivores franchit à nouveau la rivière Grumeti dans le secteur de Lobo.
Septembre : le temps se radoucit, la migration atteint le parc national de Masaï Mara, au Kenya, après avoir franchi la rivière Mara.
Octobre : saison très sèche, la migration est à Masaï Mara au Kenya ou revient en Tanzanie en fonction des herbages.

Novembre : arrivée des petites pluies, la migration revient en Tanzanie.
Décembre : saison des petites pluies dans le Sud, la migration descend rapidement vers le Sud en longeant la bordure Est du parc (frontière de Loliondo) pour atteindre les herbages régénérés.

Espèces observables
Le Serengeti est, avec Masaï Mara, la réserve la plus riche en félins de toute l'Afrique (lions, guépards, léopards, servals, caracals).
Autres mammifères : damalisque topi, bubale de Coke, gazelle de Grant, gazelle de Thompson, cobe defessa, dik-dik de Kirk, impala, éland du Cap, buffle, éléphant d'Afrique, girafe Masaï, gnou à queue noire, hyène tachetée, hippopotame, rhinocéros noir (seulement dans le cratère), zèbre de Burchell, otocyon, chacal doré, chacal à chabraque, daman des rochers, mangoustes, etc.
Oiseaux : flamant rose, flamant nain, grue couronnée, outarde kori, bucorve d'Abyssinie, ombrette, vautours (percnoptère, oricou, africain, de Ruppël, à tête blanche et charognard), aigle martial, autruche, jabiru d'Afrique, calaos, tisserins, etc.

S'y rendre
Vol international pour Arusha (Kilimandjaro airport) avec les compagnies aériennes East African ou KLM, ou pour Nairobi, au Kenya, puis transfert en bus vers Arusha. Départ d'Arusha en 4x4 pour les parcs nationaux. Possibilité de se déplacer entre les parcs en petit avion de brousse.

Hébergements
4 formules d'hébergements possibles dans différents secteurs du Serengeti : en camping standard (sous tentes simples) dans les campings publics, en camp de toile fixe (version luxueuse du camping), en camp de toile mobile dans des camps privées (à usage exclusif) ou en lodges (petits hôtels intégrés à l'environnement). Il existe quelques lodge-camps de toile luxueux avec une faible capacité d'accueil situés près des axes de migration (Kirawira Camp, Migration Camp, Klein's camp, etc). Les circuits vendus par les tours-opérateurs comprennent l'hébergement, la nourriture, la location du 4x4, le guide-chauffeur, le cuisinier et les droits d'entrée dans les parcs.

Informations
Site officiel touristique de Tanzanie :
www.tanzania-web.com
Site officiel du Serengeti : www.serengeti.org

l'effet de brusques variations de température. Ils forment des îlots de vie avec leur propre végétation, dont plusieurs variétés d'arbres. De nombreux animaux y trouvent un précieux refuge pour se cacher du soleil, étouffant en saison sèche, et ressentir l'humidité fournie par les multiples excavations. Les félins sont des hôtes fidèles de ces amas rocheux. C'est précisément eux que nous recherchons : nous orientons notre exploration dans la région de Gol Kopjes, réputée pour les guépards. En temps normal, la densité moyenne de guépard est de l'ordre de un adulte pour 100 km^2. Lorsque les migrateurs sont présents dans les plaines, on compte près de 40 guépards pour la même superficie ! En effet, dans le Serengeti, la densité des proies varie considérablement selon les saisons et les migrations : de 20 000 kg/km^2 durant la saison des pluies, elle chute à 1000 kg/km^2 pendant la saison sèche. Nous sommes au mois de mars, l'époque où les grands troupeaux entreprennent leur remontée vers le nord en suivant les pluies. Gnous et zèbres ont, depuis peu, déserté les plaines mais ils subsistent encore des milliers de gazelles de Thomson et de Grant, les proies favorites du guépard.

LA CHASSE DES GUÉPARDS. Une famille de guépards, une femelle avec ses six jeunes, a été repérée la veille dans cette zone. Quelques personnes ont assisté à la mise à mort d'un jeune gnou par cette femelle incroyablement douée pour la chasse. Agés d'environ un an, les petits sont déjà des subadultes dont la taille équivaut presque celle de leur mère. Ils demeureront à ses côtés jusqu'à l'âge de 18 mois pour apprendre à chasser. Un guépard a besoin de 3 à 4 kg de viande par jour pour rester en bonne santé. En conséquence, cette femelle doit, au minimum, tuer quotidiennement une gazelle de Thomson, pesant entre 20 et 30 kg, pour subvenir aux besoins de sa famille.
En réalité, il lui faut tuer plus car les guépards ne dévorent pas l'ensemble de la proie. Une famille aussi nombreuse est devenue l'exception pour ce félin. En effet, la mortalité des jeunes est très élevée, près de 95 % dans le Seregenti, dont 73 % tués par les lions, les léopards et les hyènes. Le guépard effectue de nombreuses portées pour compenser les pertes. Une femelle peut avoir entre un et huit petits (trois en moyenne) : en général, un jeune sur trois seulement arrive à l'âge adulte. Il me plairait de voir cette famille de guépards et de contempler cette femelle surdouée. Voilà près de cinq heures que nous explorons les plaines, que nous inspectons minutieusement chaque kopje. Toujours rien, aucun indice de présence des félins. Nous rencontrons une équipe de cinéastes américains qui suit, depuis plusieurs jours, les guépards. Pour eux aussi, la journée se révèle infructueuse : ils ont perdu la trace de la famille. Par contre, ils nous indiquent que trois jeunes lions évoluent dans les parages, à quelques centaines de mètres de là. Nous les localisons rapide-

Lion d'Afrique avec la carcasse d'une gazelle de Thompson – parc national du Serengeti – Tanzanie.
Piètres chasseurs, les jeunes lions sont avant tout des charognards et vivent au crochet des autres prédateurs.

ment : trois subadultes, à la carrure impressionnante et aux crinières déjà bien développées. Cette coalition de jeunes nomades, des frères ou des cousins, est en âge de détrôner les reproducteurs d'un groupe de lionnes. Pour l'heure, ils errent sur des territoires étrangers, en quête d'un clan à pourvoir et de proies à chasser. La plupart des lions nomades suivent la migration des gnous. Je contemple leur démarche féline et cette puissance qu'ils dégagent à chacun de leurs pas. Aussi charismatiques soient-ils, je sais, par ailleurs, que ces lions demeurent de piètres chasseurs et vivent au crochet des autres prédateurs. Ainsi, dans le cratère du Ngorongoro, 84 % des carcasses consommées par les lions ont été tuées par des hyènes. Nous quittons ces trois lions et nous nous remettons à guetter une éventuelle silhouette de guépard. La présence de ces lions n'est pas de bon augure. Les guépards ont peut-être préféré déserter les lieux. Contrairement au mâle, une femelle guépard ne possède pas de territoire. Elle demeure solitaire et errante selon la nourriture disponible : elle peut ainsi couvrir une superficie de 800 km² au cours de l'année ! Régulièrement, nous stoppons le véhicule pour balayer le paysage de nos jumelles.

Aux heures les plus chaudes, les guépards sont couchés dans les herbes ou à l'abri entre des rochers. Dans cette immensité herbeuse, il est quasiment impossible de détecter la robe tachetée du fauve qui se fond parfaitement avec son environnement. La tâche est rendue plus ardue avec les centaines de gazelles qui émaillent les plaines de leurs frêles silhouettes. Notre seule chance est de déceler les signes d'une attaque : colonne de poussières provoquée par la course effrénée du carnivore, troupeaux apeurés. Les autres prédateurs savent également interpréter ces indices : hyènes, lions ou lycaons se précipitent alors sur le lieu de chasse pour tenter de s'emparer du butin. Dans le Serengeti, les guépards perdent ainsi 10 % de leurs captures, au détriment des voleurs de proies.

Notre vœu le plus cher vient de se réaliser : nous avons remarqué, au loin, un nuage de poussières et une quantité de gazelles détaler dans tous les sens. Probablement une chasse de guépard, qui se conclue avec succès, en moyenne, une fois sur deux. Complètement essoufflé, l'animal a besoin d'une vingtaine de minutes pour récupérer ; juste le temps, pour nous, de nous rendre sur les lieux du crime, tout en évitant les nombreuses tanières de hyènes qui parsèment la plaine.

LE BAL DES CHAROGNARDS. Le scénario que nous espérions vient de s'écrire. Nous découvrons la famille de guépards au complet : sept individus au total, occupés à manger, en rang serré et en cercle, la gazelle de Thomson fraîchement tuée. Avec sept bouches affamées, le pauvre animal sera dévoré en un rien de temps. La mère guépard est constamment sur le qui-vive, elle se redresse souvent et surveille les alentours avec attention. En un quart d'heure, les jeunes, les babines pleines de sang, ont dévoré l'essentiel de l'antilope.

Les premiers vautours font leur apparition. Semblant émerger de nulle part, ces nécrophages s'attirent mutuellement sur les cadavres et rassemblent, en l'espace de quelques minutes, plusieurs dizaines d'individus. Ces grands rapaces pratiquent le vol à voile, une technique de vol nécessitant peu d'énergie. Leurs ailes immenses leur permettent de se hisser haut dans le ciel, grâce aux colonnes d'air chaud, jusqu'à ne devenir que de minuscules points dans l'azur. Un vautour de Rüppel a ainsi été vu d'un avion à 11000 mètres d'altitude. Record absolu ! Ce vautour peut faire des trajets quotidiens de 8 heures et couvrir 100 km de distance à la recherche de nourriture. Dans le Serengeti, jusqu'à six espèces de vautours se succèdent sur une même proie. Chaque espèce consomme des parties différentes de l'animal mort. Dans un premier temps, les vautours africains et de Rüppel se posent en périphérie de la carcasse et attendent que les prédateurs l'abandonnent. Quelques valeureux tentent même de dérober des lambeaux de viande, sous peine d'être blessés ou tués par les prédateurs. Nos guépards n'ont pas vraiment le temps de finir la proie.

Ci-contre : En fin de journée, un troupeau d'une cinquantaine d'éléphants choisit de traverser la piste, juste devant notre véhicule. Les éléphants nous encerclent puis continuent tranquillement leur chemin. Quelques jeunes, intrigués par notre présence, manifestent leur anxiété en écartant leurs oreilles et en barrissant. Ce bébé me fixait tandis que sa mère le rassurait de son imposante présence.

Pages suivantes : Cette famille de sept guépards est une exception, car ce félin connaît un taux de mortalité juvénile de près de 95%. La femelle surveille anxieusement les alentours, en guettant l'arrivée d'autres carnivores voleurs de proie, tandis que ses jeunes, âgés d'un an, dévorent la gazelle en un temps record.

Tout ce remue-ménage aérien a, bien évidemment, attisé la convoitise du voisinage : en l'occurrence, les trois lions que nous avons précédemment rencontrés. L'arrivée des vautours déclenche le signal d'alarme pour les guépards. La femelle décide de partir, et lance un miaulement d'avertissement aux jeunes retardataires. Elle a vu les lions courir dans leur direction. La distance qui les sépare est suffisamment importante pour battre en retraite sans panique. Toutefois, les guépards évitent d'avoir le moindre contact avec les maîtres de la savane.
Cette fois, c'est la curée : les vautours se précipitent sur les restes dans une cohue indescriptible. Une hiérarchie entre les individus semble s'instaurer, certains se révélant plus agressifs que d'autres. Accompagnés de marabouts et de milans noirs, les vautours sont les recycleurs de la matière organique, ils débarrassent les cadavres d'animaux et évitent la propagation d'épidémies. Leurs cous serpentiformes, dépourvus de plumes, sont efficaces pour éviscérer les proies. En pénétrant par les muqueuses, ils sont capables de consommer l'animal de l'intérieur, sans avoir à percer le cuir épais de certains ongulés.
La vautour oricou domine cette assemblée de charognards : avec sa taille (1,2 mètre de hauteur) et son poids de 7 kg, il s'impose sans difficulté dans la mêlée de plumes. Il est spécialisé dans les parties les plus coriaces et peut entamer la peau de la victime. Malheureusement pour eux, la gazelle était trop petite pour satisfaire leur féroce appétit. Quand la proie est plus imposante, chaque vautour peut ingérer 1,5 kg de viande en quelques minutes, le rendant temporairement incapable de décoller. À une autre occasion, j'ai pu assister au « nettoyage » d'un gnou adulte, mort de maladie, en l'espace de deux heures. L'animal ne ressemblait plus qu'à un tas d'os et une galette de cuir. Efficacité garantie !
Cinq minutes après le départ des guépards, les lions sont déjà sur les lieux. L'un d'eux se jette sur le cadavre, provoquant l'envol d'une partie des vautours. Place au roi des charognards ! Celui-ce se contentera de quelques os à lécher et à ronger, pendant que les deux autres se tiendront à l'écart, ne cherchant même pas à récupérer un bout du squelette.
Les grands vautours ont quitté la place, c'est au tour du vautour charognard et du percnoptère de se manifester. Dotés d'un bec menu, ces derniers se contentent des ultimes débris. Au final, sept espèces différentes, oiseaux et mammifères confondus, se seront disputées le corps de la petite gazelle de Thomson.

LA TOUCHE FINALE. Le cœur joyeux, nous prenons la direction du chemin retour. Entre temps, le ciel s'est considérablement assombri, annonçant des pluies à venir. On ne sait jamais quand le ciel va libérer son surplus d'humidité. Une fois que l'averse débute, des trombes d'eau se déversent en une poignée de secondes et inondent les pistes. Le véhicule tout terrain glisse dans les ornières boueuses. Les guides locaux expriment alors tout leur talent et l'expérience de la conduite en terrain difficile.
Cette pluie amène une appréciable bouffée de fraîcheur. Aux environs de la porte de Naabi Hill, nous découvrons la plaine noircie d'herbivores... durant la journée, les ongulés ont réinvesti ces étendues qu'ils avaient quittées trois jours auparavant. Nous assistons, émerveillés, à l'œuvre de la nature et à l'ineffable magie du Serengeti. Ces plaines grouillent maintenant d'une invraisemblable quantité de gnous et de zèbres.
Faces à la pluie battante, ils attendent sans bouger que l'averse s'interrompe pour reprendre leur activité. Le déluge se transforme en un léger crachin. Le soleil refait son apparition et, de ses rayons salvateurs, toise la savane d'un divin arc-en-ciel. Les colonnes de gnous se dessinent déjà, traversant la piste de part et d'autre de notre véhicule. Les zèbres chahutent et ruent comme pour se réjouir des verts pâturages à venir. Emmanuel me regarde avec un large sourire, ses yeux brillent de bonheur : la savane, c'est sa vie.

En haut : Parmi les six espèces de vautours qui se succèdent sur une carcasse, le vautour de Rüppel figure dans la première « vague » des fossoyeurs. Leur rassemblement attire ces mammifères charognards comme les lions et les hyènes.

En bas : La gazelle impala forme des groupes importants dans la savane arborée. Afin d'échapper à ses prédateurs, elle est capable d'effectuer des bonds de trois mètres de hauteur et onze mètres de longueur !

Pages suivantes : Les rhinocéros noirs du cratère du Ngorongoro sont les ultimes représentants de cette espèce en Tanzanie. Seuls une vingtaine d'entre eux subsistent dans cette aire protégée. Ce jour-là, j'ai pu approcher une femelle accompagnée de son petit : une scène devenue rare pour cette espèce menacée d'extinction.

FACE À FACE AVEC LE GRAND REQUIN BLANC

AFRIQUE DU SUD, PROVINCE DU CAP. Fichus babouins ! Les panneaux m'avaient pourtant prévenu : attention aux babouins, ne les nourrissez pas. Je viens tout juste d'acheter des sandwichs, dissimulés dans une poche en plastique. L'un de ces singes s'est précipité sur moi et a arraché le sac. Bienvenu dans le parc national de la péninsule du Cap ! Fort heureusement, ce parking touristique n'est pas à l'image du reste de la réserve. Le cap de Bonne-Espérance concentre l'essentiel des visiteurs alors que de nombreux chemins permettent une découverte plus sauvage du parc national.

UNE AFRIQUE OCÉANIQUE. La péninsule du Cap allie, avec merveille, la magie de la nature africaine avec la puissance de l'océan. Les plages de sable ou de galets sont le refuge des cormorans du Cap et des sternes huppées tandis que les autruches se nourrissent sur le rivage des fleurs du Fynbos. L'aigle pêcheur, le pygargue vocifère, impose parfois sa silhouette massive dans quelques criques isolées. Des bandes de babouins chacma déambulent sur les plages en quête de coquillages, des antilopes bonteboks (ou damalisques à front blanc) paissent tranquillement sur le bord de mer et de précieux zèbres de montagne apparaissent, à l'occasion, sur le flanc des collines. Au total, 1100 espèces de plantes et 250 d'oiseaux ont été recensées dans ce parc. Les endémiques figurent au palmarès des espèces les plus convoitées des amateurs d'oiseaux, tels que le promérops du Cap qui se nourrit du nectar des protées, le serin du Cap, le serin bifacié et le turnix hottentot. Les oiseaux de mer, du rivage et des lagunes sont également légions dans la pointe australe de l'Afrique, révélant à la fois des espèces typiquement africaines et de nombreux migrateurs en provenance du nord paléarctique et des îles subantarctiques, à l'instar des albatros.

DRÔLES DE MANCHOTS. Dans la petite ville de Simon's Town, non loin du cap de Bonne-Espérance, de curieux résidents manifestent leur droit de propriété sur les coquettes plages de la commune. Les manchots du Cap ont investi depuis peu ce rivage paradisiaque. Nul ne saurait ignorer leur présence : les manchots s'expriment avec forces vocalisations qui rappellent immédiatement les braiments d'un âne ! Dans cette bourgade, personne ne s'étonne de voir, au crépuscule, ces bruyants auteurs entamer une procession burlesque sur les trottoirs et le bas-côté des routes, en direction de jardins privés où foisonnent maintes caches nocturnes. Le manchot du Cap est la seule espèce de son genre à se reproduire sur le continent africain. Son aire de répartition trouve ses limites dans les eaux froides de l'extrême sud-ouest, alimentées par le courant de Benguela riche en nutriments et en plancton. La population mondiale actuelle n'est plus que de 179 000 couples. La colonie de Boulders Beach, à Simon's Town, est l'une des rares à progresser dans les effectifs. Le premier couple nicheur fut découvert en 1985.
À ce jour, la population compte 3000 couples sur un petit territoire de quelques hectares. La raison principale de cette incroyable extension est l'absence de pêche commerciale dans la baie avoisinante, l'immense baie de False. Les stocks de sardines et d'anchois y sont en bonne santé. Les habitants qui résident près de littoral vivent désormais en

En haut : L'observation en cage est un moment exaltant qui ne présente aucun danger pour le plongeur.

Ci-contre : En un éclair, le grand blanc fait surface et tente de saisir le leurre, une otarie en plastique.

Carnet de voyage

Situation

Sur moins de 500 Km^2, la province du Cap constitue le royaume floral du Cap, le plus petit des six royaumes floraux dans le monde, qui s'illustre par une exceptionnelle biodiversité : 8700 espèces de plantes ont été recensées dont 5800 endémiques ! La faune contribue aussi à la forte valeur patrimoniale de la province car beaucoup d'espèces (oiseaux, mammifères et reptiles) sont strictement inféodées à l'écosystème spécifique du Cap.

La meilleure saison

Pour la faune et la flore, l'hiver et le printemps austral, de juin à novembre. Les manchots sont présents toute l'année.

Pour les baleines franches, de juin à novembre.

Pour le requin blanc, toute l'année avec plus de 90 % de réussite de mai à octobre (chances plus faibles le reste de l'année).

Le Fynbos (qui signifie, en Afrikaans, « belle brousse ») recouvre les plaines, les prairies et les montagnes d'une végétation rase et arbustive. La floraison culmine au printemps (de mi-août à mi-octobre, surtout en septembre).

Les espèces observables

Mammifères terrestres : Eland du Cap, bontebok, steenbok, springbok, zèbre de montagne, daman du Cap, mangouste, etc.

Mammifères marins : otaries à fourrure du Cap, baleine franche australe (baleine de Biscaye), baleine à bosse, rorqual de Bryde, baleines à bec, orques, dauphins, etc.

Oiseaux : oiseaux pélagiques (albatros, damiers du Cap, puffins...), fou du Cap, cormoran du Cap, goéland dominicain, mouette de Hartlaub, tisserin du Cap, autruche, pélican blanc, grue du Paradis, manchot du Cap, ibis sacré, huîtrier de Moquin, etc.

Autres : requin blanc, tortues, cobra, etc.

cohabitation avec ce manchot désinvolte. Les nuits de ces riverains sont ponctuées de ses braiments, d'où l'origine de son deuxième nom anglais, « le manchot âne » !

LA ROUTE DES BALEINES. Quelle émotion d'assister au puissant souffle d'une baleine. Pendant l'hiver austral, de juin à septembre, une centaine de baleines franches, en provenance des abords de l'Antarctique, gagnent les côtes sud-africaines pour la saison de reproduction. La route côtière, entre montagnes escarpées et plages infinies, offre de nombreux points de vue sur les immenses baies, False Bay ou encore Walker Bay. Les géants des mers s'approchent parfois très près des côtes. La petite ville d'Hermanus est devenue la capitale de ces cétacés, en célébrant le retour annuel de ces animaux rares. Les visiteurs se donnent rendez-vous sur le front de mer et s'exclament d'admiration quand une baleine lève sa nageoire caudale. Le spectacle est encore plus impressionnant sur le littoral du petit village De Kelders, peu touristique, situé non loin d'Hermanus. Là, les baleines franches australes flirtent nonchalamment avec les rochers en bord de côte. On peut alors distinguer les excroissances calleuses, envahies de balanes, qui caractérisent leur tête. C'est devenu un cérémonial pour moi : contempler, en fin de journée, les rituels amoureux des baleines, sous un flamboyant coucher de soleil. À cette saison, elles se livrent à des rapports de force entre mâles, donnant lieu à des comportements d'excitation comme les sauts hors de l'eau ou les frappements de la surface de l'eau avec leur queue. Ces masses de 40 à 80 tonnes, pour 17 mètres de long, ne passent pas inaperçues lorsqu'elles bondissent à plusieurs reprises hors de l'élément liquide ! C'est un véritable honneur d'assister aux ébats nuptiaux de cette espèce, parmi les plus menacées au monde. Avec sa vitesse de nage lente, la baleine franche australe a été la principale cible de l'industrie baleinière pendant des décennies (plus de 100 000 individus abattues au XIXème siècle). Il ne subsiste plus, à ce jour, qu'entre 1500 et 4000 individus de cette espèce.

REQUIN BLANC EN VUE ! André Hartmann n'en est pas à sa première. Depuis 30 ans qu'il pratique la plongée sous-marine, il a fait du requin blanc sa spécialité. Il œuvre dans la démystification de ce grand prédateur, notamment en côtoyant le grand blanc sans cage de protection. De nombreux reportages de presse et télévisuels, ainsi que le développement du tourisme, ont amorcé un nouveau regard sur ce superbe animal dont l'image populaire se résumait à celle des « Dents de la mer ». La frêle embarcation prend la direction de l'île de Dyer, à 12 km du petit port de Kleinbaai. À bord, quelques

Ci-contre : L'îlot de Geyser est recouvert par plus de 55 000 otaries à fourrure du Cap, de quoi appâter le grand requin blanc !

Pages suivantes : Dans la bourgade de Simon's Town, personne ne s'étonne de voir, au crépuscule, les manchots du Cap entamer une procession burlesque sur les trottoirs et le bas-côté des routes, en direction de jardins privés où foisonnent maintes caches nocturnes.

touristes et un scientifique suisse qui réalise une thèse sur le grand blanc pour mieux comprendre ses moeurs. On ignore presque tout de ce gargantuesque poisson. Ce chercheur constitue depuis deux ans une banque d'informations sur les requins observés dans le secteur : près de 600 recensés à ce jour ! La mer est d'huile ; l'observation en cage sera possible. Les requins sont nombreux dans les parages en raison des eaux riches en poissons et des grosses colonies d'oiseaux et d'otaries sur les îles.
L'îlot de Geyser, d'une superficie de 3 hectares, est recouvert par plus de 55 000 otaries à fourrure du Cap. De quoi appâter ces carnassiers ! En hiver, le visiteur est quasiment assuré de voir un ou plusieurs grands blancs, attirés par des odeurs de tripailles de poissons, disposés en boudin sur le côté du bateau. Voilà cinq heures que nous attendons et pas l'ombre d'un aileron… André change de secteur et se rapproche de la côte. La plage déserte semble vraiment proche. Les requins viendraient-ils aussi près du littoral ?

Avec un poids moyen de dix kilogrammes, le pélican blanc figure parmi les oiseaux volants les plus lourds de la planète. Son bec, doté d'une poche jugulaire extensible, d'une contenance de douze litres, représente une " épuisette " redoutable pour les poissons, ses proies de prédilection. Cette poche cutanée joue également la fonction de ventilateur : lors de journées caniculaires, le pélican agite sa poche richement vascularisée afin d'assurer une déperdition de chaleur et de maintenir une température interne constante.

La réponse ne se fait pas attendre. Un premier requin arrive et tourne lentement près du bateau. Il s'approche doucement du leurre, une silhouette d'otarie en plastique, et tente de le mordre. Son museau et sa gueule entrouverte sortent de l'eau. À bord, l'excitation est à son comble. Tout le monde enfile sa combinaison de plongée, prêt à faire face à ce monstre sacré. Ce requin est un subadulte comme le constate le biologiste, entre 3,5 et 4 mètres de long. Impassible, il prend des clichés de l'aileron qui permettra d'identifier le requin. Les rotations dans la cage s'enchaînent ; chacun revient émerveillé de cette vision surréaliste d'un face à face entre l'homme et le requin, en total pacifisme. Ce dernier frôle la cage en toute placidité, sans manifester la moindre agressivité. L'aileron d'un autre requin émerge à la surface et cette fois, c'est notre scientifique qui perd tout son calme. Il s'empresse de changer de boîtier photo et se précipite à l'arrière du bateau, manquant même de tomber à l'eau. Il vient de réaliser qu'il s'agit d'une femelle, parmi les plus imposantes qu'il n'ait jamais vues : entre 5,5 et 6 mètres de long selon son estimation, pour un poids de 1 à 1,5 tonne. Une géante ! Cette dernière semble plus farouche et tournoie plus rapidement. Lorsqu'elle longe le bateau, nous prenons conscience de sa longueur qui égale celle de notre embarcation ! Les deux requins finissent par disparaître dans les profondeurs. Nous rentrons au port, le sourire jusqu'aux oreilles, avec l'envie d'y retourner dès le lendemain.

S'y rendre
Vol international pour Cape Town, via Johannesburg.

Hébergements et transports
Choix important, avec très bon rapport qualité/prix : Hôtels de charme, Bed & Breakfast, guest-houses, lodges, camping. Nombreux restaurants avec excellente gastronomie, spécialités de viandes et de fruits de mer. Excellent réseau routier ; privilégiez la magnifique route côtière.

Informations
Informations générales :
Southern Africa places : www.places.co.za
Site touristique de la région du Cape :
www.cape-town.org
Ville d'Hermanus et ses alentours :
www.hermanus.co.za
Hébergements de charme :
Greenwood Guide : www.greenwoodguides.com
Parc national de la péninsule du Cape :
www.cpnp.co.za
Observation des baleines franches :
Dyer Island cruises:
www.dyer-island-cruises.co.za
Observation des requins blancs :
Marine Dynamics (André Hartmann) :
www.dive.co.za
The White Shark Diving Company :
www.sharkcagediving.co.za

Walker bay accueille, de juin à septembre, plusieurs dizaines de baleines franches en provenance des abords de l'Antarctique.

Pages suivantes : Chacun revient émerveillé de cette vision surréaliste d'un face à face entre l'homme et le requin, en total pacifisme. Ce dernier frôle la cage en toute placidité, sans manifester la moindre agressivité.

À LA RENCONTRE DES OURS GÉANTS

ALASKA, ÎLE DE KODIAK. L'hélice de l'hydravion fend l'air glacial de l'Alaska. Sous le ciel bleuté d'une journée de septembre, je contemple les montagnes tout juste enneigées et les innombrables vallées glaciaires de l'île de Kodiak. Des petits lacs d'altitude apparaissent ici et là, révélant des eaux turquoise ou émeraude. Le flanc des ravins est parfois tacheté de petits groupes de chèvres des neiges. Au sol, les bras de rivières forment des méandres qui serpentent dans la taïga dorée de ce début d'automne. Nul doute, cette île mérite bien son surnom « d'île d'Emeraude ».

Après une demi-heure de vol féerique, l'engin vibrant entame sa descente et se pose délicatement sur le grand lac Frazer, au sud-ouest de l'île. Cette fois, nous y sommes, au pays des ours géants !

Il est des noms qui frappent et marquent l'imagination des hommes, jusqu'à créer le désir viscéral de s'y rendre. L'Alaska fait partie de ces lieux que je rêvais de fouler, de parcourir en quête de rencontres sauvages. Kodiak demeurait pour moi un mythe, celui des grizzlis dont la carrure égale celle des ours polaires.

L'ours Kodiak *Ursus arctos middendorffi*, une sous-espèce du grizzly, atteint 800 kg chez le mâle adulte, parfois jusqu'à une tonne, et mesure 3 mètres lorsqu'il se dresse ! Depuis le retrait des glaciers 12 000 ans auparavant, cette population unique a développé des caractéristiques physiques et génétiques distinctes des populations continentales. L'heure est maintenant venue pour moi de rencontrer ces mastodontes.

UN ACCUEIL PEU RASSURANT. Mis à part l'hydravion, il n'y a aucun autre moyen d'accès à cette partie éloignée de l'île. Nous sommes dans la zone classée « National Wildlife Refuge », qui couvre les deux tiers de l'île (3500 Km^2). Ici, c'est le territoire des ours, des castors, des loutres, des cerfs mulets et des pygargues à têtes blanches, dont l'envergure immense se découpe sur les crêtes de montagnes. Nous ne sommes pas les seuls bipèdes à convoiter ce lieu sauvage : une dizaine de pêcheurs de saumons forment un comité d'accueil à l'embouchure du lac. Têtes voilées par des moustiquaires, armes à feu sur le dos, rien qui puisse nous rassurer ! Ces américains fort affables ne sont là que pour la journée, le temps de pêcher quelques belles prises. Ils nous prennent aussitôt sous leur protection, stupéfaits d'apprendre que nous avons l'intention de séjourner deux semaines en totale autonomie.

« Vous êtes armés ? » nous demande l'un deux.

« Non mais nous avons des bombes répulsives et une alarme pour le camp ».

« *Take care !* » ne cesseront-ils de nous répéter pendant l'après-midi. « Les ours sont dangereux et très agressifs ».

Le décor est planté ! On ne sait pas vraiment à quoi s'attendre. Pourtant, lorsque les consignes de sécurité sont respectées, notamment pour la vie de camp avec aucune nourriture à proximité des tentes, les ours demeurent indifférents à la présence de l'homme, surtout pendant la période faste de la remontée des saumons où ils se gavent de poissons. Depuis la création de la réserve en 1941, un seul cas d'attaque d'ours s'est révélé mortel. Dans ce contexte, difficile de

En haut : Les ours de l'île Kodiak sont les plus gros ours bruns de la planète, jusqu'à 800 kg pour les plus imposants. L'empreinte de l'animal est choquante !

Ci-contre : Sur l'île de Kodiak, à tout moment, il est possible de surprendre un grizzli, dans le lit d'une rivière ou dissimulé dans les marécages. Surpris, ce dernier se dresse pour mieux sentir l'intrus.

croire que les ours soient des animaux foncièrement agressifs. Ces prédateurs qui enflamment l'imagination et alimentent de nombreux récits à sensations, seront les seuls être vivants que nous allons côtoyer dans les semaines à venir. À nous de vérifier tous ces « on dit » ! Rapidement, je prends conscience de la forte densité d'ours dans les parages. Les rives du lac sont criblées de restes de saumons en décomposition. Seuls la tête et quelques organes peu ragoûtants pour les ours sont abandonnés sur place. De nombreuses crottes fraîches indiquent que l'endroit est assidûment fréquenté par ces gourmets. Nous retrouvons même la tête d'un ourson, complètement décapité et sans trace du corps ! Une pauvre victime de combats parfois cruels que se livrent les ours entre eux. Le principal danger pour les oursons demeure les mâles adultes. Les femelles suitées sont particulièrement vigilantes et agressives envers les mâles. Malgré leur différence de poids, elles sont capables de charger n'importe quel individu représentant une source de danger pour ses petits, y compris l'homme. Il faut donc éviter à tout prix la rencontre inopinée avec des oursons ou au mieux, se tenir à distance des familles.

UNE COHABITATION PACIFIQUE. Les protagonistes ne se font pas attendre. Une paire d'ours, des adolescents de 3 à 4 ans, longe la rive et traverse le champ d'épilobes dans lequel nous avons choisi d'installer notre premier camp de base. Nos tentes surplombent légèrement le lac : nous jouissons d'une vue imprenable sur le paysage et anticipons ainsi la venue éventuelle des ours vers le camp. Les deux compères suivent des chemins bien tracés par leurs passages réguliers à travers la végétation. Têtes dressées, ils nous flairent et nous observent quelques secondes avant de poursuivre leur chemin en se chahutant. Aucun signe d'agressivité pour l'heure…
Nous disposons d'un ruisseau pour nos provisionner en eau et d'un bouquet d'arbres dans lequel nous hissons en hauteur, à l'aide de cordes et de poulies, les sacs de nourriture. Les coulées d'ours sont si nombreuses qu'elles s'entrecroisent tout le long du lac. Notre campement est inévitablement situé près de ce réseau de sentiers insolites. Au fil des jours, nous apprenons à apprécier ces pistes piétinées par les ours : celles-ci nous permettent de progresser moins difficilement dans la végétation parfois très dense et nous évitent de patauger dans un sol imprégné de marécages et de tourbières. Les pistes d'ours : les GR de Kodiak en quelque sorte ! Les castors sont en partie responsables des marécages qui imbibent la périphérie du lac. Ils construisent et entretiennent d'imposants barrages, qui retiennent l'eau des ruisseaux, dans le but de noyer les saulaies et les tremblais alentours. Cet ingénieux dispositif leur permet d'accéder à leur source de nourriture préférée sans se mettre à découvert sur la terre ferme. Les huttes sont souvent au bord du lac et nous contemplons ces admirables architectes en fin de journée, lorsqu'ils sortent de leur refuge pour s'adonner à leurs tâches quotidiennes.
Quant à nous, le seul moyen astucieux que nous ayons pour nous prémunir des ours est

Instant magique : la femelle décide de traverser la rivière, accompagnée par ses trois oursons de l'année, âgés de six mois.

Carnet de voyage

Situation

L'archipel de Kodiak se situe dans le golfe de l'Alaska et s'étend sur près de 300 km. Il est la continuation de la chaîne des montagnes de la péninsule de Kenai, 140 km au nord. L'île de Kodiak est séparée du parc national de Katmai par le détroit de Shelikof, large de 50 km.

La meilleure saison

Pour l'observation des ours, entre début juillet et fin septembre, pendant la période de remontée de saumons. Climat tempéré avec des averses fréquentes.

Les espèces observables

Mammifères terrestres : le grizzly, sous-espèce endémique de l'archipel de Kodiak, entre 2500 et 3000 individus. Le renard roux, avec plusieurs formes de pelage, l'hermine, la loutre de rivière, le vespertilion brun (chauve-souris), le campagnol nordique, le cerf mulet ou cerf de Sitka, la chèvre des neiges, le rat musqué, le castor d'Amérique, l'écureuil roux, le spermophile arctique, le lièvre d'Amérique. Le Wapiti ne peut être vu que sur les îles Afognak et Raspberry.
Mammifères marins : le phoque commun, l'otarie de Steller et la loutre de mer, tous trois résidents. Plusieurs espèces de baleines (baleine grise, à bosse, bleue, etc.) et dauphins (orques, marsouin de Dall…), seulement de passage, surtout au printemps.
Oiseaux : harle huppé, plongeon imbrin, pygargue à tête blanche, aigle royal, etc. Colonies d'alcidés au printemps (macareux huppé, cornu, guillemot à lunettes, etc.).

S'y rendre

Liaison aérienne internationale jusqu'à Anchorage, puis connexion pour l'île de Kodiak. Possibilité d'accéder par bateau à partir d'Homer ou Seward (10 à 13h de trajet). Sur place, dépose en hydravion nécessaire pour accéder au « Wildlife Refuge ».

Hébergements et activités
À Kodiak, nombreux hôtels, Bed & Breakfast ainsi que restaurants.
7 chalets au sein de la réserve peuvent être loués : réservation plusieurs mois à l'avance, par tirage au sort, et pour une durée limitée. Possibilité de camper en autonomie, prévoir équipement et matériel de sécurité en conséquence.
À partir de Kodiak, sorties en mer organisées pour observer les mammifères marins ou pratiquer la pêche sportive. Quelques lodges privés proposent des forfaits onéreux avec multi-activités de découverte de la faune.

Informations
Site officiel de l'île de Kodiak :
www.kodiak.org

une alarme sonore, un fil tendu autour du camp. En cas d'intrusion intempestive, les bippers se déclenchent et nous préviennent d'une présence importune. Nous resterons sur le qui-vive durant les premières nuits, à l'écoute du moindre bruit suspect. Pour cause, le premier matin, au lever du jour, un petit « bip » nous met en alerte. J'ouvre la tente et découvre avec stupeur deux ours, figés au pied du fil, à cinq mètres de la tente ! Aussi étonnés que moi, les deux compagnons de la veille font demi-tour, sans un seul signe d'inquiétude ou de mécontentement.

OBJECTIF : SAUMONS. Les saumons sont nombreux au bord du lac, sur leurs frayères. L'espèce sockeye, au corps rouge et à la tête brune, est la plus commune. Beaucoup d'individus sont en fin de vie : leur peau se desquame alors même que les poissons vivent toujours. Cette dégénérescence répond à un cycle de vie impitoyable. Une fois la reproduction achevée, des hormones provoquent cette décomposition qui assure la mort lente du poisson. Aucun ne redescendra vers l'océan où il a grandi pendant plusieurs années. Leur chair est imprégnée de cette mort annoncée et le goût s'en fait ressentir : nous en faisons l'expérience un soir et abandonnons aussitôt l'idée de nous nourrir de ces saumons. Quant aux ours, ils ne reculent devant aucun apport protéique, qu'il soit de nature morte ou non, fraîche ou à moitié décomposée. Les saumons les plus faciles à capturer sont ceux déjà morts que les ours récupèrent au fond de l'eau en réalisant une apnée de plusieurs secondes ! Le plongeur hors pair revient sur la berge pour engloutir sa proie en abandonnant un cadavre aux odeurs nauséabondes. Le pincement du nez s'imposait parfois pour ne pas suffoquer ! Les restes de poissons laissés sur les rives, parfois à plus de cent mètres du bord, sont des sources importantes d'azote pour la végétation. Un ours adulte consomme en moyenne sept cents saumons en une saison, qu'il ne mange qu'à moitié. La décomposition du poisson libère de l'azote, favorisant la croissance de la végétation et profitant ainsi aux ours. En effet, leur régime alimentaire est également composé de nombreuses baies (camarine, airelles, etc.) et d'autres matières végétales. Les crottes d'ours sont aussi des fertilisateurs non négligeables pour le milieu naturel, appauvri par ailleurs par des sols acides. La boucle est ainsi bouclée ; chaque maillon de cet étonnant écosystème représente un lien vital.

Le comportement de pêche des ours s'adapte selon la saison. En été, lors des remontées massives de saumons, les plantigrades ne mangent que la peau, les œufs et la cervelle des poissons, les parties les plus riches en protéines et en graisse. Ils abandonnent alors des poissons quasiment entiers dans l'eau ou sur les berges. Courant septembre, lorsque les saumons se font plus rares, les ours n'hésitent pas à plonger sous l'eau pour les récupérer, malgré l'odeur pestilentielle qui s'en dégagent. Entre avril et octobre, les ours n'ont qu'un seul but : grossir d'au moins une centaine de kilos afin d'affronter le prochain hiver.

Cette imposante femelle était facilement reconnaissable avec son croc retourné, résultat d'un violent combat mené contre un mâle pour défendre ses petits.

Il faut éviter à tout prix la rencontre inopinée avec des oursons ou, au mieux, se tenir à distance des familles. En effet, les femelles suitées représentent le principal danger pour l'homme.

Ci-contre et ci-dessus : Au bout d'une semaine, je pouvais avoir un contact rapproché avec certains ours, habitués à ma présence. Tandis que l'ours dévorait un saumon sur la berge, sans inquiétude, j'ai pu réaliser ce portrait à moins de dix mètres de l'animal.

Pages suivantes : Occupé à pêcher, je ne remarque pas cet énorme mâle qui s'installe au milieu de la rivière, sans le moindre bruit. L'ours était à vingt mètres de moi, derrière mon dos… Fort heureusement, les ours acceptent la présence de pêcheurs de tous poils !

ENTRE FORÊT BORÉALE ET OCÉAN

QUÉBEC, PARC MARIN ET RIVES DU SAINT-LAURENT. J'ai enfin en main la « Cutlass Calais », un modèle américain fraîchement acheté à un garagiste, qui va me servir non seulement de voiture mais aussi d'affût et de dortoir pendant les deux mois à venir. J'ai conçu ce périple pour finaliser mon guide nature sur le Québec. Je quitte enfin Montréal ; il me tarde d'être en pleine nature et de profiter des couleurs d'automne. J'ai choisi de voyager aux mois de septembre et octobre pour assister au fameux embrasement de la forêt boréale, qui se teinte à cette époque d'une palette de couleurs flamboyantes. D'autres attraits naturels caractérisent également cette saison : les oies des neiges se concentrent sur les rives du Saint-Laurent, les orignaux sont en période de rut et les ours noirs ont une allure grassouillette avant leur entrée en tanière. Tout un festival naturel en perspective !

En haut : La forêt québécoise se pare de couleurs flamboyantes, entre septembre et octobre.

Ci-contre : L'orignal est le plus grand cervidé au monde avec 1,80 m au garrot pour un poids atteignant 650 kg chez le mâle.

L'ENVOLÉE BLANCHE DU CAP TOURMENTE. Non loin de la ville de Québec, la réserve du cap Tourmente est un petit joyau pour la faune Nord-américaine. Parmi les nombreuses espèces qui font halte dans ce site protégé, la grande oie des neiges est sans conteste l'oiseau le plus emblématique. C'est un événement annuel : près de 100 000 oies se donnent rendez-vous dans les champs de la réserve pour une escale migratoire de plusieurs semaines. Originaires des îles de l'Arctique canadien, les oies des neiges réalisent une migration de 4000 km pour rejoindre leurs quartiers d'hiver sur la côte Est des Etats-Unis. Au cours de ce périple, elles s'arrêtent dans quelques étapes vitales qui font office de « relais gastronomiques ». En empruntant le chemin de la réserve, je traverse les champs qui ont un aspect cotonneux. Les oies envahissent la moindre parcelle de prairie, occupées à se nourrir de plantes et de racines. Cet édredon vivant manifeste encore la fièvre des migrations.
À la moindre alarme, un rideau blanc s'élève dans un tonnerre de cris, puis les oies retombent aussitôt comme une poudre de neige. Je fais la rencontre d'Alain, un ornithologue québécois qui prépare une parution sur la réserve. Je l'informe également de mon livre en préparation et de mes intentions de photographier l'ours noir. Le cap Tourmente héberge aussi, dans sa partie forestière, des ours noirs que quelques visiteurs chanceux croisent parfois au cours de leurs balades. Alain, autorisé à fréquenter le site en dehors des heures d'ouverture, m'invite à ses côtés pour un affût crépusculaire, en lisière de champ. Le cœur serré, nous attendons patiemment qu'une masse sombre sorte de la forêt. De nombreuses empreintes dans les parages laissent deviner un passage régulier de l'animal. En vain, aucun signe de vie… Le baribal n'est pas l'ours le plus facile à observer dans la nature. Nous aurons néanmoins le plaisir de surprendre un raton laveur, avant la nuit, jouant le resquilleur de graines près de mangeoires à oiseaux.

LA RENCONTRE INIMAGINABLE. La forêt, composée de feuillus et résineux, ceinture l'imposant fleuve du Saint-Laurent et le fjord du Saguenay. Dès que l'on quitte les rives, les routes pénètrent des terres couvertes de massifs boisés, où bien des animaux mythiques y trouvent refuge : ours noir, lynx du Canada, loup gris, voire même quelques pumas… En ce qui concerne le baribal, je sais que j'aurai plus de chance chez mon ami Christian Tremblay, forestier de profession, installé dans la

Carnet de voyage

Situation
Le parc marin du Saguenay-Saint-Laurent (1138 hectares) s'étend entre les villages de Saint-Fidèle dans Charlevoix et Les Escoumins, sur la Côte-Nord. Il ne comprend que la partie maritime de l'estuaire et du fjord. Les rives et l'intérieur des terres font l'objet de protections locales. Les pôles d'activités se situent dans les environs de Tadoussac et de Grandes Bergeronnes.

La meilleure saison
Pour l'ours noir, le mois de juin quand il fréquente assidûment les vallées. Pour les oiseaux, de mai à mi-octobre (passage des oies des neiges début mai et début octobre). Les baleines sont présentes d'avril à octobre.

Les espèces observables
Mammifères terrestres : ours noir, orignal, cerf de Virginie, loup gris, lynx du Canada, castor du Canada, écureuil roux, écureuil gris, tamia rayé, marmotte, porc-épic, raton laveur, moufette rayée, etc.
Mammifères marins : phoque commun, phoque gris, 13 espèces de cétacés (les plus courantes : marsouin, bélouga, petit rorqual, rorqual commun, rorqual bleu et rorqual à bosse).
Oiseaux : 268 espèces nicheuses recensées sur l'ensemble du territoire.

S'y rendre
Vol international pour Montréal ou Québec. Pour rejoindre Tadoussac, à partir de Montréal, compter entre 5 et 6 heures de route par la côte nord.

Hébergements et transports
Il est nécessaire de disposer d'une voiture pour se déplacer car les distances sont longues au Canada.
De nombreux hébergements dans la région de Tadoussac : gîtes du Passant, motels, campings, etc.

région de Sacré-Cœur. Accompagné de sa femme Clara et sa fille Christiane, il voue une passion sans limite pour les ours. Il a ainsi converti sa propre propriété, 300 hectares de forêts, en un sanctuaire où la chasse y est totalement bannie. Cette ferveur écologique lui a attiré les foudres d'une partie des gens du coin. Cette famille a créé une activité touristique saisonnière autour de l'observation de l'ours noir, grâce à un affût rustique, construit par leurs soins, qui surplombe un vallon inondé par plusieurs barrages à castors. Au fil des années, ils ont appris à reconnaître certains individus fidèles au site, comme « Pompon » ou « Capitaine crochet » à qui il manque une patte. Une étincelle dans le regard, Christian demeure intarissable sur les histoires d'ours et d'autres habitants de la forêt boréale. Je ne me lasse jamais d'écouter ce forestier philosophe qui prône la conservation des espèces animales.
Depuis quelques jours, Christian a relevé des traces de loups près de l'affût. Un couple a réinvesti les lieux après des années d'absence. Une chance inouïe. Il est toutefois impensable d'espérer les voir car le loup est un animal encore plus discret que l'ours noir. Pourtant, ce soir là, la forêt ne vibrait pas comme à son habitude. Voilà une heure que nous attendions ; un ours noir s'était manifesté et se délectait de quelques beignets posés comme appâts. Celui-ci paraissait anxieux et tournait régulièrement la tête vers la forêt, en humant l'air. Christian remarqua un silence étrange de la forêt. Nous n'entendions plus de chants d'oiseaux, les canards qui barbotaient dans l'étang à castors s'étaient envolés… Christian évoqua la possibilité de la présence du loup. Un écureuil roux lança un cri d'alarme et l'ours se mit à grogner. Une silhouette grise apparut sans un bruit sur l'aire d'observation. Une magnifique louve, le pas hésitant, cherchait à récupérer un peu de nourriture tout en tenant à distance l'ours surpris et tendu par cette rencontre. En quelques secondes, elle attrapa une maigre pitance, nous lança un regard et disparut aussi vite, comme un songe. L'inimaginable venait de se produire.

LÉVIATHANS DU SAINT-LAURENT. L'heure est maintenant venue pour moi d'aller à la rencontre des plus gros mammifères ayant jamais existé sur terre : les baleines, ou plus exactement les cétacés à fanons. L'estuaire du Saint-Laurent accueille annuellement plusieurs centaines de baleines, venues reconstituer leur réserve de graisse. Ce réservoir de vie représente à l'échelle internationale une zone importante d'alimentation pour la faune marine. La petite ville de Tadoussac est devenue la capitale de l'observation des baleines avec la présence de nombreux excursionnistes. Cette industrie touristique se pratique dans le cadre du parc marin du Saguenay-Saint-Laurent où les règles d'approche et d'observation des baleines sont strictement définies et régies par la loi.
Mon ami Christian Peyrouse a mis de côté sa carrière d'architecte naval pour se consacrer à ce qui l'anime et le fait vibrer : les baleines. Sa petite société ne fait pas le poids devant les grands ténors de cette industrie ; Christian m'annonce qu'il arrêtera son activité cette année. Reste une saison à finir en beauté… nous partons tous deux sur son pneumatique

En haut : Les écureuils gris et les **écureuils roux** (photo du bas) sont des hôtes familiers de la forêt boréale.

Etapes de charme :
Les chalets en bord d'estuaire, de la communauté Essipit (Montagnais) : www.essipit.com
Les chalets en bord du Saguenay, de la Ferme 5 étoiles : www.ferme5etoiles.com
Les chalets de l'île aux Lièvres : www.duvetnor.com

Informations
Site touristique officiel : www.bonjour-quebec.com
Les parcs provinciaux : www.sepaq.com
Les parcs nationaux : http ://parkscanada.pch.gc.ca
Groupe de recherche sur les mammifères marins : www.baleinesendirect.net

Croisières aux baleines :
Croisières du Grand Héron : www.iquebec.com/grandheron
Communauté Essipit : www.essipit.com

Observation de l'ours noir :
Domaine de nos ancêtres, Sacré-Cœur : www.ihcn.qc.ca/ours
Domaine de l'ours noir, Baie-Comeau : http ://ours.cjb.net

surpuissant depuis la magnifique Anse-de-Roche, enserrée dans le fjord. Quelques bélougas, ultimes représentants d'une population résidente, se manifestent à l'entrée du fjord. Aucun bateau ne doit s'approcher des ces précieux animaux dont la population décline sous les effets de la pollution et du dérangement. Nous poursuivons notre sortie dans l'estuaire où le vent s'est levé. Quelques souffles se distinguent au loin. À grande vitesse, nous arrivons sur un secteur où une dizaine de rorquals communs (des masses de 45 tonnes chacune pour 20 mètres de long !) semblent très actifs. Simultanément, ils ont tous disparu sous les flots. À bord, l'excitation est à son comble, malgré les vagues écumeuses qui nous balancent d'un bord à l'autre de l'embarcation. Les baleines sont ressorties ! Plusieurs d'entre elles frôlent le zodiac ; nous assistons émerveillés à leurs souffles puissants dont la fine pluie vient mouiller nos visages. Après une série d'émersions, nous les voyons une par une, deux par deux, arquer leur dos : cette fois, elles ont sondé les profondeurs. C'est sous le feu rasant du coucher de soleil que nous quittons les lieux, la tête encore pleine de rêves accomplis.

Ci-contre : Aux dernières lueurs du jour, le castor sort de sa hutte pour se livrer à ses activités nocturnes : entretien du barrage, de la hutte, coupe de bois pour sa réserve alimentaire, etc.

Pages suivantes : L'ourse donne naissance à deux ou trois petits en moyenne. La survie de tous les oursons dans une portée de trois jeunes est rare.

Troupeau de rorquals communs. Le golfe et l'estuaire du Saint-Laurent accueillent annuellement, d'avril à octobre, plusieurs centaines de baleines venues reconstituer leurs réserves de graisse. L'estuaire est avant tout le lieu de concentration du petit rorqual, le plus abondant, du rorqual commun, deuxième plus grande baleine au monde, du béluga et du marsouin commun.

Sillons ventraux et nageoire pectorale d'un rorqual commun. La zone jugulaire des rorquals présente 50 à 100 sillons ventraux, selon les espèces, répartis du menton jusqu'au nombril. Ce trait physique caractérise la famille des rorquals (du norvégien ror « plis » et hval « baleine »). Le rorqual commun se nourrit souvent en nageant sur les côtés afin de pouvoir changer rapidement de direction. Il est toutefois rare de l'observer s'alimenter à la surface de l'eau.

Cerf de Virginie mâle, en situation d'alerte.
Surnommé « chevreuil » au Québec, le cerf de Virginie est un grand cervidé, d'un poids moyen de 125 kg pour le mâle, qui affectionne les clairières et les lisières de forêt.

Le raton laveur est un animal discret qui ne s'active ordinairement qu'à la tombée de la nuit. Il fréquente très souvent les cours d'eau et les marécages d'où il puise la majorité de sa nourriture : écrevisses, grenouilles, insectes, poissons…

SOUS LE SOLEIL DE MINUIT

ARCTIQUE, ÎLE DU SPITZBERG. Pyramiden, un des rares points sur la carte de l'île du Spitzberg où l'homme a tenté de s'installer. Dans l'Arctique, loin de tout, cette ville hors du temps intrigue plus qu'elle ne fascine. Le départ de notre périple en kayak a lieu de cette ancienne cité minière russe où bâtisses démesurées de l'ancien régime communiste et tas de ferrailles en tous genres se disloquent sous leur propre désuétude. Il faut pouvoir imaginer les forçats du charbon jaillir des galeries ténébreuses sous le soleil de minuit, avec pour panorama un front de glaciers ! Les grands bâtiments, complètement désertés, sont désormais soumis au joug de la nature. Seule une poignée d'hommes, affectés à l'occupation administrative des lieux et l'entretien de rares machines encore en service, lutte face aux éléments naturels. Les mouettes tridactyles se sont vite adaptées à ce décor étrange. Elles nichent habituellement sur les escarpements rocheux des falaises. Ici, elles couvent sur les rebords de fenêtres de quelques bâtiments bétonnés ! Une scène incroyable à l'image du Grand Nord, entre rêve et réalité. La vie au Spitzberg s'exprime avant tout par les cris des oiseaux, qui déchirent le silence troublant de la toundra arctique.

Nous quittons sans regret la ville lugubre de Pyramiden. Nous enfilons notre combinaison étanche et isothermique, puis chacun prend ses pagaies. Les « bélougas » sont chargés. Ces imposants kayaks biplaces ont été spécialement conçus pour une meilleure stabilité en mer. L'expédition est sous la responsabilité de Pierre Fijalkowski, spécialiste des raids arctiques en kayak et grand passionné du Spitzberg. En deux semaines, nous parcourrons 120 km pour rejoindre Longyearbyen, la capitale où vivent 1200 Norvégiens. Ce fantastique périple alternera avec des camps de base où tous les rêves arctiques seront permis. Cette fois, c'est parti, nos bélougas fendent l'eau glacée d'Isford, la plus grande baie du Spitzberg. Nous nous dirigeons vers l'impressionnant glacier Nordienskiold, aux confins du fjord Bille.

LES MYTHES DE L'ARCTIQUE. Le Grand Nord exerce sur moi une indéniable attraction. Sa faune et sa flore demeurent inconnues pour la plupart des habitants de cette planète. Pourtant, de nombreuses espèces prospèrent dans les déserts froids et constituent un patrimoine naturel inestimable. Au total, 170 espèces d'oiseaux migrateurs ont été recensées dans l'archipel du Svalbard, dont une trentaine d'entre elles choisissent de nicher durant le court été. Silencieusement, nos kayaks évoluent dans un décor démesuré, entre cathédrales de pierres, des montagnes tubulaires qui imposent leur splendeur dans ce silence minéral, et fronts de glaciers immaculés. Le kayak pénètre une mer de glaçons d'où émanent des cliquetis pétillants qui résonnent comme des murmures océaniques. De quelle confession l'océan Arctique souhaite-t-il nous entretenir ? Le soleil de minuit plonge les esprits dans une torpeur mystique. Le glacier gronde parfois, laissant échapper un sérac qui s'effondre dans le fjord. Les îlots de glace errent sans bruit, teintés d'un bleu céleste. Un phoque barbu, placide, observe le décor, cramponné à son reposoir flottant. Nous l'approchons doucement, sans mouvement vif. Sur ses gardes, il nous lance quelques regards inquiets sans pour autant décamper. Vu de près, je réalise

En haut : Les dryades à huit pétales sont des plantes typiques de la toundra arctique.

Ci-contre : Le renne du Svalbard forme une sous-espèce insulaire caractérisée par sa petite taille et ses mœurs solitaires, compte tenu de la rareté de la nourriture.

que ce phoque est effectivement muni de longues vibrisses qui se retroussent comme des moustaches. Les phoques annelés, sans être aussi familiers que leur cousin barbu, manifestent de la curiosité à l'égard de notre étrange caravane flottante. Ils suivent nos kayaks à distance respectable et émergent leurs petites têtes, tels des bouchons de liège, pour mieux nous observer. Pierre pointe du doigt un oiseau posé au sommet d'un bout de glace. Elle est là, impérieuse, scrutant l'horizon : la mouette ivoire, la reine des glaciers, prend son envol, se mue en sylphide et s'évanouit comme un songe, blanc.

LE JOUR SANS LA NUIT. Je ne sens plus mes bras, ni mes jambes, endoloris par sept heures de navigation, sans arrêt à terre. Nous nous sommes juste accordés une pause pipi de quelques minutes. Le déjeuner, un taboulé et plusieurs barres de céréales, a été pris dans le kayak. Le campement est vite installé, selon les règles de sécurité en territoire des ours polaires : les tentes de couchage sont installées à une centaine de mètres de la tente commune où nous prenons nos repas et entreposons la nourriture. Un repas lyophilisé vite englouti et chacun se réfugie dans son sac de couchage pour quelques heures de repos bien méritées. Malgré la faible probabilité de rencontrer un ours à cette saison, les tours de garde s'imposent pendant notre sommeil. Ce mammifère marin vit essentiellement sur la banquise où il chasse les phoques. Avant la débâcle, les ours entament une migration vers le Nord, le long de la côte Est, en quête de banquise et de nourriture. Certains d'entre eux s'égarent à l'intérieur des terres et restent coincés sur l'île du Spitzberg pendant l'été. Un ours affamé est potentiellement très dangereux. Les individus errants ont tendance à s'approcher des campements et n'hésitent pas à les vandaliser pour la moindre nourriture. Nous sommes équipés de fusées d'alarme et d'une carabine ; ce petit arsenal est nécessaire pour rassurer les esprits et anticiper les réactions d'un ours maraudeur. Veiller seul est un moment grandiose, le regard perdu dans l'immensité de la toundra arctique. Rien ne vient troubler ce sentiment d'intemporalité, exaltant et déroutant à la fois, où seules les nuances de lumières distinguent le jour de la nuit. Au-dessus de l'horizon, le soleil semble définitivement accroché à la voûte terrestre. La vie reste omniprésente et se manifeste essentiellement par les oiseaux du rivage. Parmi cette gent ailée, la sterne arctique n'est pas la plus discrète. Son farouche tempérament l'incite à s'attaquer à tout individu, animal ou humain, qui s'approche trop près de son nid. Gare aux coups de becs infligés sur le crâne du malheureux randonneur ! Les autorités locales conseillent d'ailleurs de dresser un bâton au dessus de la tête pour s'éviter ce supplice. Les cris et les danses aériennes de ces oiseaux, aussi gracieux que belliqueux, ponctuent ma songerie arctique. Je vois arriver Jacques, mon compère de kayak, qui vient prendre la relève. Il est temps pour moi de plonger dans un sommeil radieux.

Le phalarope à bec large ne niche que dans le haut Arctique, de manière isolée. Le mâle se charge seul de l'incubation et de l'élevage des jeunes.

Carnet de voyage

Situation
L'archipel du Svalbard, sous souveraineté norvégienne, est compris entre 74° et 81° de latitude Nord, à 1000 Km du pôle nord géographique. Il s'étend sur une superficie de 63 000 Km^2 : le Spitzberg est l'île la plus grande (39 000 Km^2). L'archipel comprend 3 parcs nationaux, 3 réserves naturelles, 15 réserves ornithologiques et 3 zones botaniques protégées.

La meilleure saison
En avril pour la migration des ours polaires sur la côte Est (sur la banquise). La débâcle a lieu fin mai-début juin. Pour les oiseaux et autres mammifères, du 19 avril au 23 août, lorsque le soleil est permanent 24h/24h. La nuit polaire a lieu du 14 novembre au 29 janvier. En été, la température moyenne est de 6 à 8°C ; elle varie de 1 à 10°C. Les averses sont rares en été.

Espèces observables
Mammifères terrestres : renard polaire, renne du Svalbard.
Mammifères marins : ours polaire (2500 individus), phoque barbu, phoque annelé, phoque veau-marin, morse, bélouga, petit rorqual, baleine franche du Groenland (rare), narval (rare), etc.
Oiseaux : mergule nain, guillemot de Brünnich, guillemot à miroir, macareux moine, sterne arctique, mouette tridactyle, goéland bourgmestre, mouette ivoire, fulmar boréal, bernache nonnette, bernache cravant, eider à duvet, eider à tête grise, harelde de Miquelon, bruant des neiges, phalarope à bec large, plongeon catmarin, bécasseau violet, etc.

S'y rendre
Vol international pour Longyearbyen, au Spitzberg, via Oslo et Tromso, en Norvège, avec la compagnie scandinave SAS. Le réseau routier n'est que de 40 Km autour de la capitale.

En dehors du printemps (ski ou motoneige), il est impossible de pénétrer l'intérieur des terres à pied. Le Spitzberg s'explore par voie de mer, en kayak, voilier ou express côtier. Il est préférable de faire appel à des tours-opérateurs spécialisés qui assurent la logistique et l'accompagnement. Selon la réglementation, il faut être armé pour se déplacer à terre.

Hébergements
Hôtels et chambres d'hôtes, ainsi que restaurants et épiceries à Longyearbyen. Les refuges présents dans l'archipel ne sont pas destinés aux touristes. Le camping est autorisé, selon la réglementation en vigueur, en totale autonomie (l'eau est potable partout). Pour les circuits en bateau, nuits à bord.

Informations
Site d'information sur le Spitzberg : www.svalbard.net
Svalbard Nature Expéditions : www.80-n.com

UN DÉSERT VIVANT. Le camp est installé près d'un petit lac d'eau pure où nous prélevons nos rations quotidiennes. Nous ne sommes pas les seuls à apprécier cette source d'eau douce. Plusieurs dizaines de familles de bernaches nonnettes ont formé une communauté pour élever ensemble leurs petits. Ces derniers, à l'allure de pintade, encore incapables de voler, sont des proies faciles dans la toundra. Un renard polaire traîne d'ailleurs dans les parages ; il observe longuement les oiseaux et semble tenter par un de ces grassouillets rejetons. Les bernaches adultes font bloc autour des poussins : l'union fait la force ! Ces oies au masque de nonne vont quitter début septembre les rivages du Svalbard pour se rendre dans l'estuaire de Solway, à la frontière écossaise, où plus de 20 000 bernaches passeront l'hiver. La faune dans la toundra arctique est sporadique et peu dense, hormis pour les colonies d'oiseaux de mer. Nous avons eu la chance de croiser quelques rennes du Svalbard, une sous-espèce endémique adaptée à ce biotope. Ici, cet ongulé est essentiellement solitaire, compte tenu de la rareté de la nourriture.

Nous trouvons de nombreux bois de rennes, tombés depuis plusieurs années, couverts de mousses et de lichens. Normalement, ces excroissances riches en calcium sont vite rongées par les petits mammifères. Au Spitzberg, l'absence de rongeurs et la température empêchent leur décomposition. Ce qui frappe le plus dans la nudité du paysage, c'est la beauté et la richesse de la flore, près de 170 espèces recensées. Seules des plantes spécialisées peuvent pousser dans ce milieu extrême. Cette contrée arctique est un désert froid qui ne reçoit que 200 mm d'eau par an. En outre, la végétation ne dispose que de quelques semaines pour se reproduire car le sol est gelé, jusqu'à 400 mètres de profondeur, le reste de l'année. L'adaptation de la végétation est fascinante : le saule arctique, par exemple, arbore une forme rampante qui le distingue difficilement de l'herbe rase. Les fleurs colorées et délicates des plantes arctiques tapissent les étendues caillouteuses de la toundra, apportant des touches délicates à cet environnement âpre. Les bouquets de silènes acaules apparaissent comme une composition subtile, une parenthèse poétique dans un milieu austère où la vie s'accroche tant bien que mal. Début août, la végétation subit déjà les balbutiements d'un automne précoce. La toundra se couvrira bientôt d'une palette flamboyante de couleurs.

DES INSULAIRES BRUYANTS. Notre périple s'achève. Nous avons rejoint Longyearbyen, à bout de forces. L'Arctique a tenu ses promesses : j'ai des images plein la tête et mon boîtier photo ! Notre dernier campement a lieu dans le site désigné à cet effet, le seul camping du Spitzberg, à deux minutes à pied de la piste d'aéroport.

Seules des plantes spécialisées peuvent pousser dans le milieu extrême de la toundra arctique, un désert froid qui ne reçoit que 200 mm d'eau par an.
En haut : silène de l'Oural
En bas : dryade à huit pétales

Le panorama reste somptueux et les oiseaux toujours aussi nombreux. Il est une espèce dont la discrétion n'a d'égale que sa rareté. Un phalarope à bec large a choisi de nicher dans le petit étang d'eau saumâtre qui jouxte le camping, à proximité d'une petite colonie de sternes arctiques. Il sait qu'il n'a rien à craindre des campeurs et encore moins des sternes. Au contraire, il profite de l'agitation des environs et du tempérament agressif des sternes pour éloigner les prédateurs : renard polaire, labbe parasite ou goéland bourgmestre.
C'est un véritable honneur de pouvoir contempler les couleurs rutilantes de ce petit limicole de 60 grammes : l'archipel du Svalbard ne compterait qu'entre 100 et 300 couples. D'autres habitants de l'île sont beaucoup moins discrets. Sur les hauteurs de Longyearbyen, des nuées d'oiseaux effectuent des rondes incessantes, dans un vacarme saisissant. Les mergules nains reviennent de la pêche et décrivent de larges cercles, en formation serrée, avant d'atterrir sur les pentes caillouteuses de la falaise. Nuit et jour, l'arctique vibre aux sons de ses extravagants insulaires. Le mergule nain est parmi les oiseaux de mer les plus abondants de la planète, plusieurs millions de couples. Son aire de répartition demeure restreinte, pour l'essentiel, aux îles du haut arctique, des terres polaires peu foulées par l'homme. Toute cette exaltante vie échappe ainsi au regard de la plupart des terriens.
Les colonies d'oiseaux de mer se repèrent de loin, au vu des abrupts verdoyants. Les pentes des falaises sont fertilisées par les excréments des oiseaux. Cinquante mille couples de mergules produisent ainsi 100 tonnes de guano au cours d'une saison de nidification.
Ces zones enrichies profitent aux rennes du Svalbard qui y trouvent un pâturage appréciable. Le renard polaire fréquente aussi assidûment ces pieds de falaises où peuvent chuter des œufs ou des poussins. Vivre au Spitzberg n'est pas chose facile, aussi bien pour la faune et la flore que pour les humains. Ces conquérants des terres ultimes forcent l'admiration. Je m'envole à mon tour, dans mon « zinc » bourré de technologies. Retour à la civilisation et aux affres de monde moderne !
Dans quelques semaines, le peuple migrateur quittera à son tour le Spitzberg, abandonnant la nudité fertile de ses rivages à la banquise. Il ne restera plus que les lagopèdes, vêtus de leur plumage immaculé, qui trouvent refuge sous la neige et quelques mouettes ivoires, à l'affût des carcasses de phoques laissées par l'ours polaire. Le grand prédateur blanc sera à nouveau le maître des lieux tandis que les oiseaux affronteront les rigueurs hivernales aux confins des mers, quelque part au milieu de l'infini.

Nuit et jour, l'Arctique vibre aux sons des mergules nains qui forment des colonies de plusieurs centaines de milliers d'individus.

La sterne arctique possède un farouche tempérament. Gare aux coups de bec infligés sur le crâne du photographe s'approchant trop près de son nid !

Il est 1 h du matin, le meilleur moment pour naviguer en kayak. Nos embarcations fendent l'eau glacée d'Isford, la plus grande baie du Spitzberg, et flirtent avec les îlots de glace du glacier Nordienskiold.

Pages suivantes : Un phoque barbu, placide, observe le décor, cramponné à son reposoir flottant.

AU PAYS DES LOUTRES

ÉCOSSE, RÉGION DES HIGHLANDS. Le mois d'octobre n'a rien à envier aux autres saisons. Les Highlands revêtent leurs couleurs automnales sous des faisceaux divins de lumières. Les averses semblent laver le paysage et le purifier à chaque fois. Le feu tamisé des lueurs d'automne met alors en exergue toute la splendeur des paysages des Hautes-Terres. À cette époque, les baies vermillonnées des sorbiers des oiseleurs étincellent dans la lande brunie par le froid. Les cimes des montagnes se couronnent de neige et de glace alors que les aiguilles émeraude des pins d'Ecosse ponctuent d'un peu de verdure ce tableau aux teintes subtiles d'or et de roux. Nul par ailleurs je n'ai pu admirer de paysages aussi pittoresques et ineffables à la fois. Espaces sensoriels et oniriques, les Highlands méritent d'être vécues... J'aime avant tout l'aspect minéral et désolé de ces territoires où l'homme survit difficilement. La nature semble y reprendre ses droits. Constellées de lochs de toutes tailles, recouvertes de tourbières, marquées par des reliefs âpres, les Hautes-Terres forment une véritable éponge imbibée d'eau, interdisant une quelconque activité humaine et parfois toute incursion dans ces terres sauvages.

LE TEMPS DES BRAMES. Mille fois j'ai contemplé le « Kyle of Tongue », mille fois j'ai découvert un nouveau panorama, révélé par des lumières toujours changeantes. Encadré de bens sculptés comme une série de vagues et de glens où serpentent les rivières parmi la lande tourbeuse, cet estuaire, accroché à la côte Nord, est à lui seul une révélation poétique de la magie des Highlands. Depuis plus de dix ans, je me rends annuellement dans ce petit paradis ; j'y ai mes points de repères et mes habitudes. Je retrouve Hamish, le patron du Craggan Hotel qui me sert une « Mac Ewans » bien fraîche, parfois accompagnée d'un scotch single malt. L'hôtel-restaurant fait face aux îles qui balisent l'entrée de l'estuaire. C'est un lieu de reproduction des phoques qui se laissent échouer, à marée basse, sur les bancs de sable. Les phoques gris mettent d'ailleurs bas à cette saison, dans des criques tenues secrètes. À chaque fois, je vérifie aussi que la loutre du coin occupe toujours sa catiche. Je sais que je la surprendrais sûrement en me tenant à l'affût quelques heures. Le mois d'octobre, c'est également l'époque des ambassadeurs du froid qui claironnent dans le ciel, en formation serrée, et font halte dans les champs ou les lochs. Originaires de Scandinavie et d'Islande, les oies cendrées et à bec court se comptent par dizaines. Derrière les masses nuageuses, des coups de trompette annoncent l'arrivée de gros porteurs. Des cygnes chanteurs, semblant être enveloppés d'une poudre de nuage, s'extirpent de cette cotonnade et amerrissent dans un loch isolé, loin du regard des hommes.

L'événement naturel le plus marquant vient des montagnes : les cerfs, en période de rut, se livrent à leurs impressionnantes joutes vocales. Pendant trois semaines, les échos des brames langoureux résonnent à longueur de journée dans toutes les vallées des Highlands. Dépourvues d'arbres, les étendues nordiques autorisent un large champ de vision ; les hardes de cerfs sont alors facilement observables sur le flanc des montagnes et dans quelques vallons. J'ai rendez-vous avec les seigneurs des Highlands autour du Ben Loyal. Je pourrai assister de près à toute l'effervescence reproductrice de ces grands mammifères. Seul à contempler les combats livrés entre mâles, seul dans le cœur sauvage de l'Ecosse...

En haut : La loutre passe souvent inaperçue lorsqu'elle se déplace parmi les rochers.

Ci-contre : Loutre d'Europe – île de Skye – Ecosse. L'observation régulière d'un territoire de loutre m'a permis de faire ce cliché en pleine journée.

Carnet de voyage

Situation
Les Highlands couvrent les deux-tiers du territoire écossais. Une ligne imaginaire qui relie le nord de Glasgow à l'est d'Inverness, les distingue des Lowlands, les Basses-Terres. Les régions du Caithness et du Sutherland, au nord, sont caractérisées par des plaines marécageuses et tourbeuses parmi les plus vastes d'Europe.

La meilleure saison
De début avril à fin juillet pour les oiseaux de mer. Fin avril-début mai pour les parades des lagopèdes et tétras (en montagnes et forêts). Les trois premières semaines d'octobre pour le brame du cerf. Toute l'année pour la loutre.

Les espèces observables
Mammifères terrestres : cerf élaphe, écureuil roux, loutre d'Europe, lièvre variable, blaireau, chevreuil, chat sauvage (localisé dans quelques massifs forestiers), chèvre férale, etc.
Mammifère marins : phoque gris, phoque veau-marin, grands dauphins (résidents) et autres cétacés de passage (dauphins, baleines).
Oiseaux : plongeon catmarin, plongeon arctique, lagopède d'Ecosse, bec-croisé d'Ecosse, lagopède alpin, grand tétras, tétras-lyre, balbuzard pêcheur, aigle royal, pygargue à queue blanche, nombreux oiseaux de mer, etc.

S'y rendre
Vol international pour Edimbourg, Glasgow ou Aberdeen. Train ou vol intérieur jusqu'à Inverness. Peu de transports en commun dans le nord des Highlands. Nécessité de louer une voiture. Bon réseau routier.

Hébergements
Nombreux Bed & Breakfast ou Guest Houses, le long des routes. Bon réseau d'auberges de jeunesse, souvent bien situées et ouvertes parfois toute l'année. Nombreux camping, en général assez cher.

Informations
Site officiel touristique : Scottish Tourist Board www.visitscotland.com
Auberges de jeunesse : Scottish Youth Hotel Association www.syha.org.uk
Scottish Natural Heritage : www.snh.org.uk
International Otter Survival Fund : www.otter.org

LE PARADIS DES LOUTRES. J'ai décidé de suivre l'activité d'une famille de loutres. Les territoires que je connais déjà sont ceux d'individus plutôt crépusculaires car vivant non loin d'activités humaines. J'aimerais faire des clichés de loutres en plein jour. J'ai pris contact avec Paul Yoxon, responsable de l'association « International Otter Survival Fund », basée sur l'île de Skye, destinée à l'étude, la protection et la conservation des loutres. Sa maison se situe en bord de mer. Dans la véranda, une longue-vue reste braquée vers la mer. Sur Skye, le moindre mètre de littoral appartient à un territoire de loutre ! À voir la carte de répartition des scientifiques, c'est même toute l'île qui est entièrement colonisée. Au total, près de 350 loutres s'épanouissent sur l'île. Toutefois, Paul tempère ces chiffres optimistes : près de 50 % des jeunes n'atteignent pas la maturité sexuelle, du fait de la concentration de divers polluants dans leurs graisses et de nombreux tués sur les routes. Les membres de l'association récupèrent d'ailleurs en permanence des jeunes loutres orphelines ou des individus blessés suite à une collision avec une voiture.
L'avenir de cet animal demeure très assombri à l'échelle européenne. Le territoire écossais représente néanmoins un paradis pour ce mammifère avec un littoral riche en poissons et une quasi-absence de fréquentation humaine. La loutre y développe d'ailleurs une surprenante activité diurne, en alternance avec de longues siestes, qui contraste avec le comportement strictement nocturne des populations françaises. Le rythme des marées et la faible pression humaine expliquent en grande partie cette différence de mœurs. Même si ce mammifère se plaît à pêcher en bord de mer, il ne s'éloigne jamais d'une source d'eau douce, rivière ou loch, indispensable pour se dessaler. Paul m'indique quelques territoires de loutres sur l'île, notamment de mères avec leurs jeunes. Il ne reste plus qu'à m'armer de patience…

ENTRE RÊVE ET RÉALITÉ. On ne sait jamais quand une loutre se manifestera. Elle possède ce don d'apparaître de nul part et de disparaître aussi vite, sans faire un bruit, dans le clapot de l'eau. Son pelage brun soyeux la fond parfaitement dans les algues et les rochers. Un vrai casse-tête pour le photographe !
J'attends depuis deux heures dans ce nouveau site sans trop y croire car il s'agit d'un premier affût dans ce territoire. Je ne sais pas où se situe la catiche, le refuge principal où la loutre donne naissance et élève ses petits. Le temps est gris, le ciel s'obscurcit vite… aucune chance de faire des images dans ces conditions. Adossé à un rocher, je me laisse bercer par le bruit de l'eau et plonge dans des songes de photographe animalier : si seulement, la loutre apparaissait ici, faisait cela ! Et si… une loutre vient de glisser entre deux rochers ! Je crois avoir eu une hallucination. Non, une deuxième, une troisième puis une quatrième, la famille au complet ! Les jeunes jouent innocemment sans se méfier de ce qui les entoure. Ils se dirigent droit vers moi, accompagnés de leur mère qui vient de s'arrêter promptement. Elle dresse la tête dans ma direction et hume le vent. Je suis démasqué. Sans un seul signal, la femelle fait demi-tour et regagne la mer. Les petits, à quelques mètres de moi, com-

Phoque gris (femelle et jeune).
En octobre, les phoques gris mettent bas dans des criques tenues secrètes du nord des Highlands et sur des îles vierges de l'archipel des Hébrides.

prennent le message et s'empressent de la suivre. Je saurai où me placer à l'avenir…

RETROUVAILLES ESTIVALES. 10 mois plus tard, je retourne sur les lieux de cette rencontre furtive. Les jeunes ont maintenant 15 mois, l'âge de l'émancipation. Ils ont certainement déserté le territoire de leur mère. Journée d'été, ensoleillée. Les heures de marée me sont favorables. Grâce à de nombreuses observations en Ecosse et aux îles Shetland, j'ai réussi à cerner le meilleur moment de la journée où la loutre sort théoriquement pour pêcher. Il s'agit d'un créneau horaire précis où les algues flottent avec peu de profondeur : le moment idéal pour facilement capturer des poissons et des crabes cachés dans cette chevelure marine. Ce moment ne peut-être défini qu'en fonction de la topographie du lieu, du coefficient et des heures de marée. Cela nécessite un suivi régulier du site. Pour plusieurs territoires que je connais, le repérage a fonctionné à merveille : les loutres étaient au rendez-vous quotidiennement. J'espère voir la loutre de Skye en début d'après-midi. Je m'installe confortablement sur un rocher plat qui surplombe la petite baie, préparé à de longues heures d'attente. Les oiseaux de mer sont présents : des sternes arctiques papillonnent au dessus de l'eau et tentent de capturer du menu fretin, des escadrilles de fous de Bassan rasent les flots, les cormorans huppés se sèchent les ailes au soleil… bref, difficile de s'ennuyer dans cet endroit féerique où seuls quelques moutons viennent rappeler une probable civilisation aux alentours.

Régulièrement, je balaie de mes jumelles le bord de mer. Une petite forme dans l'eau attire mon attention. La loutre ! Elle est en train de pêcher, à une trentaine de mètres des rochers. C'est l'heure du festin. Après avoir consommé sa proie, elle plonge aussitôt pour réapparaître, une vingtaine de secondes plus tard, au même endroit. Chaque plongée fait mouche. Je décide de m'approcher de la mer au moment où la loutre disparaît. Je me cache derrière un gros rocher et aperçois l'animal qui se dirige droit vers moi, un gros crabe au travers de la gueule ! Lorsque la proie est trop imposante, la loutre revient sur terre pour la dévorer. Une dernière plongée et la voilà qui se hisse devant le rocher où je suis accroupi. J'entends les craquements du crabe sous ses mâchoires. En l'absence de vent, elle ne m'a pas repéré mais le bloc de pierre m'empêche de la voir et la photographier. Je me décale et me mets à découvert : la loutre continue de mâcher son crabe, à trois mètres de moi ! Mes mains tremblent, j'entends battre mon cœur ; l'émotion est trop forte ! Je retiens ma respiration et réalise quelques clichés ; la belle finit rapidement son repas et repart à l'eau comme si de rien n'était. La séance de pêche durera près d'une heure, sans la possibilité de l'approcher à nouveau. Cette rencontre avec la loutre de Skye demeurera certainement parmi mes plus émouvants moments de nature.

Ci-contre : Langoureux ou coléreux, les brames du cerf élaphe s'entendent, nuit et jour, dans toutes les vallées des Highlands, début octobre.

Pages suivantes : En Écosse, sur les côtes marines, les jeunes loutres exploitent essentiellement les estrans rocheux et les platiers d'algues où elles pêchent des petits poissons mais ce sont avant tout les crabes qui sont prélevés car ils sont charnus, abondants et moins mobiles que les poissons. La loutre consomme 12 à 15% de son poids par jour, soit 850 à 1200 grammes de nourriture

Grands dauphins – estuaire de Moray Firth - Chanery Point.
Une population exceptionnelle d'une centaine de grands dauphins s'est établie dans l'estuaire du Moray Firth.
La rencontre avec ces mammifères imprévisibles est toujours un grand moment chargé d'émotions.

Saumon atlantique – Shin Falls. Poussés par un phénoménal instinct de reproduction, beaucoup de saumons atlantiques périssent face à des obstacles naturels quasiment infranchissables, telle les chutes de la rivière Shin.

Pages suivantes : Old Man of Storr – Île de Skye. Les Highlands revêtent leurs couleurs automnales sous des faisceaux divins de lumières. Les averses semblent laver le paysage et le purifier à chaque fois.

LES CLAMEURS DE L'ATLANTIQUE

ÉCOSSE, ÎLES SHETLAND. Petit matin sur l'île de Mainland. Le ferry annonce son arrivée aux habitants de Lerwick, la capitale, par trois coups de corne de brume. Le brouillard matinal ondule comme une voile au vent. Petit à petit, la lumière perce à travers les nuages bas et dévoile alors les étendues de tourbe et de bruyères qui se déroulent à perte de vue. Ourlées par l'impétueuse mer du Nord, les îles Shetland demeurent une terre peu foulée par l'homme. Près de 25000 âmes s'accrochent à ces bouts de terre entièrement voués aux éléments naturels. Côtes fractales, semis d'îles, dédale de rocs, de falaises, de baies, de courants, l'archipel des Shetland est avant tout un paradis pour des milliers d'oiseaux de mer, de phoques et un précieux refuge pour la discrète loutre d'Europe. Autant d'invitations pour des balades particulièrement sensorielles, entre moutons blanchis par l'écume et poneys peignés par les bourrasques maritimes.

PREMIERS PAS SUR LES ÎLES DU VENT. C'est devenu un rituel pour moi. Après avoir quitté le ferry, je me rends au « Harbour Café », sur le port, où tous les dockers prennent leur café et collation matinale. Le petit-déjeuner à l'anglaise s'impose : œufs, bacon, saucisses, flageolets et toasts, de quoi tenir une bonne partie de la journée et affronter le crachin ! Le journal local, le *Shetland times*, est à disposition : je le parcours pour prendre les dernières nouvelles de l'archipel et consulter la page d'histoire naturelle où sont consignées les récentes observations d'oiseaux ou de mammifères marins. Les shetlandais sont fiers de leur patrimoine naturel et se tiennent informés des espèces qui fréquentent les îles. Après ce substantiel petit-déjeuner, je me rends à chaque fois vers la pointe de Sumburgh Head, à l'extrémité sud de l'île. Réputée pour le passage de cétacés, j'ai déjà eu l'agréable surprise d'y contempler un groupe d'une quinzaine d'orques et une autre fois, l'évolution d'une baleine à bosse accompagnée de son jeune.

Dominées par le phare, les falaises hautes de Sumburgh sont en proie à la frénésie reproductrice des grandes colonies d'oiseaux de mer. Je ne peux résister à cette envie de revoir, pour la nième fois, ces oiseaux sur leurs lieux de reproduction. Ballets aériens incessants, vacarme étourdissant, les colonies d'oiseaux de mer offrent un spectacle naturel parmi les plus beaux de la planète. Des dizaines de milliers d'oiseaux se côtoient, se chamaillent et tournoient autour des façades rocheuses au pied lacéré par les assauts des vagues. À l'approche des parois, je respire cette odeur propre à ces rassemblements : une forte émanation d'ammoniaque contenu dans leurs déjections. Je m'émerveille d'entendre les clameurs incessantes des mouettes tridactyles qui semblent crier leur nom anglais « Kittiwake ! », le râle étrange des guillemots de Troïl, de voir la démarche chaloupée des macareux moine, les voltiges des fulmars boréaux, les piqués vertigineux des fous de Bassan, les chasses aériennes des grands labbes... La magie de la vie opère une réelle fascination, dans la pureté de ce paysage posé dans son écrin d'embruns et de lumières.

En haut : Les pingouins tordas se tiennent toujours à l'écart du vacarme des grandes colonies.

Ci-contre : Couple de fous de Bassan – falaises d'Hermaness – île d'Unst. La vie sociale des fous est constituée de comportements stéréotypés. Ces rituels servent notamment au renforcement des liens entre les partenaires, à l'instar de cette attitude, appelée « jeu d'escrime », où les deux adultes se frottent bec contre bec.

FIEF DES VAGABONDS DES OCÉANS. Bien avant l'émergence de la mémoire humaine, les oiseaux trouvaient déjà refuge sur ces îles lovées entre la mer du Nord et l'océan Atlantique. Malgré les affres du monde moderne (pêche industrielle, pollutions diverses…), le peuple du vent reste fidèle aux pointes rocheuses des Shetland. Chaque printemps, leurs côtes rocheuses accueillent plusieurs centaines de milliers d'oiseaux de mer. Entre avril et août, ces vagabonds de l'océan regagnent leurs falaises natales pour mener à bien leur reproduction. La conquête d'un maigre espace de roche, l'élevage des poussins, la défense contre les prédateurs assurent une vie de colonie intense et exubérante. Avec un littoral parmi les plus découpés au monde, les Shetland abritent les plus belles colonies d'oiseaux de mer en Europe, dans des décors sauvages à couper le souffle. En outre, la chasse n'étant plus d'actualité dans ces îles, l'homme et la nature entretiennent un lien et une proximité déconcertante. Le visiteur peut, par exemple, assister à quelques mètres seulement, à toute l'activité des macareux moines sans les inquiéter. Plus discrètes, certaines espèces trouvent refuge dans l'immensité des landes, émaillées de lochs de toutes tailles. C'est le domaine du plongeon catmarin, de la bécassine des marais, du chevalier gambette, du courlis corlieu et cendré, du pluvier doré, du labbe parasite, du grand labbe et du bécasseau variable.

Rossolis à feuilles rondes – île de Yell.
Aux Shetland, les plantes carnivores sont les êtres les plus abondants, des millions certainement…

59°51' DE LATITUDE NORD. Là bas, les paysages se ressemblent et se distinguent également, lorsque l'on prend le temps de découvrir chaque île. Soumises aux vents violents, ces terres ne comptent que très peu d'arbres ; quelques bosquets de saules trouvent refuge près de murets en pierres. La tourbe règne en maître, recouverte par une infinie lande à bruyères, criblée de lochs et constellée de moutons.

Les Shetlandais préparent d'ailleurs de manière artisanale, durant tout l'été, les briquettes de tourbe qui serviront de combustible pendant le rude hiver. Les plantes carnivores, les rossolis à feuilles rondes et à feuilles longues, sont les êtres vivants les plus abondants, des millions certainement. Difficile de se mouvoir sur le sol tourbeux sans en écraser ! Pénétrer dans ces terres, désolées et splendides à la fois, avec la lande qui se fait l'écho des nuages bas, jusqu'à atteindre la côte, refuge des phoques à l'allure paresseuse : nul doute, ces îles ont bien plus qu'une brique de tourbe à offrir au visiteur. Sur la centaine d'îles et d'îlots que compte l'archipel, seules une dizaine d'entre elles sont habitées : Mainland, Yell, Fetlar, Unst pour les principales, Bressay, Whalsay, Out Skerries, Papa Stour, Foula et Fair Isle pour les plus petites. Quelque soit l'île, il est bien difficile de la sentir rattachée à un quelconque pays. L'archipel a subi une influence notable des Vikings qui l'ont colonisé vers l'an 800. Ces guerriers ont réalisé une exploration minutieuse des lieux et ont baptisés la moindre baie et chaque roc. Autrefois, terres Pictes puis Viking ; aujourd'hui, écossaises mais avec de fortes affinités avec la Norvège et le Danemark, l'archipel des Shetland forme simplement un carrefour, presque oublié, des voyageurs de la mer et du vent.

Carnet de voyage

Situation
Les Shetland se situent à 338 Km d'Aberdeen en Ecosse, 360 Km de Bergen en Norvège et 365 Km de Torshavn aux îles Féroé. L'archipel s'étend sur 56 km d'Est en Ouest et 112 km du Sud au Nord.

La meilleure saison
Pour l'observation des oiseaux de mer, du mois d'avril à mi-juillet. Ensuite, ceux-ci désertent les falaises.

Les espèces observables
Au total 67 espèces nicheuses ont été recensées aux Shetland. Les plus abondantes sont les oiseaux des falaises : fous de Bassan, guillemot de Troïl, pingouin torda, macareux moine, guillemot à miroir, mouette tridactyle, cormoran huppé, grand labbe, labbe parasite, grand corbeau, etc. Le plongeon catmarin est bien présent dans l'archipel. Les limicoles nichent dans la lande. Une petite population de phalarope à bec étroit est facilement observable sur l'île de Fetlar.
Mammifères marins : phoque gris, phoque veau-marin, loutre d'Europe, marsouins (résidents) et autres cétacés de passage, surtout en été (orque, baleine à bosse, dauphins, etc.)

S'y rendre
Par bateau, avec la compagnie North Link, à partir d'Aberdeen en Ecosse (14 heures de traversée) ou encore la Smyril line, au départs d'Aberdeen et de Bergen en Norvège. En avion avec British Airways, via l'Angleterre.

Les meilleurs sites
Incontournables pour les amateurs d'oiseaux : l'île de Noss, les falaises d'Hermaness (île d'Unst), la pointe de Sumburgh Head (île de Mainland), et l'île de Foula.

Hébergements et transports
Hôtels et Bed & Breakfast sur la plupart des îles. Deux auberges de jeunesse : à Lerwick et sur l'île d'Unst.
3 campings seulement : 2 sur Mainland et un autre sur Fetlar. Possibilité d'utiliser un camping-böd, une maison traditionnelle reconvertie en refuge : 6 ont été aménagées (îles de Mainland, Yell et Whalsay).
Il est possible de se déplacer dans l'ensemble des îles grâce aux liaisons de cars (900 km de bonnes routes). Traversées courtes entre les îles par bacs. La location d'une voiture est toutefois recommandée.

Informations
Site officiel des Shetland :
www.shetland-tourism.co.uk

FOULA, L'IMPÉRIEUSE. Tout semble converger vers cette île. Déjà, sur une carte, le regard porte vers ce bout de terre isolé au beau milieu de l'océan, à 40 Km de l'île principale de l'archipel. Les oiseaux aussi qui se comptent par dizaines de milliers : sur l'île de Foula, les colonies prennent une tout autre dimension. Je n'ai jamais connu d'île aussi fascinante et magnétisante. Un petit bateau assure le lien vital entre la communauté d'une quarantaine d'habitants et le monde extérieur. Ces liaisons servent plus de ravitaillement que de convoyage de personnes. Une poignée de touristes seulement osent s'aventurer jusqu'à Foula. La date de retour est toujours incertaine : deux heures de navigation sont nécessaires depuis Mainland avec des conditions de mer souvent difficiles. Les rotations, deux fois par semaine, sont régulièrement annulées. Là bas, les séjours prolongés sont chose courante ! Le capitaine, Mr Taylor, sourit en me voyant arriver sur la jetée, tout embarrassé de mes sacs de photographe. Il me donne quelques consignes et me montre surtout les rambardes, indispensables pour ne pas passer par-dessus bord. Son bateau est un vrai bouchon de liège dans le creux des vagues ! L'île est enfin en vue, voilée d'une écharpe de brume autour des sommets. Foula possède un relief marqué qui compte le falaise la plus haute de Grande-Bretagne : « the Kame », 372 mètres d'aplomb ! Quelques kilomètres à pied et j'arrive à un petit cottage isolé, qui me servira de camp de base, planté en bord de côte devant une somptueuse arche naturelle. Aucune habitation à portée de vue, ici c'est le royaume de la lande, du vent et des oiseaux. Foula, c'est avant tout le bastion du plus redoutable des oiseaux de mer, le grand labbe, au corps massif et à la silhouette sombre. Les îles Shetland supportent 45 % de sa population mondiale (estimée à 14000 couples seulement). Ce voleur virtuose s'attaque aux oiseaux des falaises revenant d'une pêche fructueuse. Prédateur opportuniste, il ne dédaigne pas les charognes et se transforme, à l'occasion, en impitoyable tueur d'oiseaux de mer. Le grand labbe bénéficie d'ailleurs d'un nom local, le « bonxie », qui n'est pas sans rappeler son allure puissante. Originaire du vieux norrois, le « bunksi » désigne un homme trapu. Traverser la lande aux Shetland, c'est bien souvent se confronter aux attaques impromptues de cet oiseau farouchement territorial. Le grand labbe décrit un arc de cercle, prend de l'altitude et pique soudainement vers celui qui ose pénétrer sur son territoire. Ces attitudes d'attaque sont de simples charges d'intimidation, sans danger pour le randonneur, qui finissent par un brusque crochet du vociférant. Les plus valeureux d'entre eux frôlent le crâne du visiteur, en décochant un rapide coup de pattes. Sur Foula, plus de 2000 couples sont recensés ; impossible de se mouvoir sans être sur un territoire de grand labbe. Avis aux amateurs de sensations fortes !

Ci-contre : Colonie sur les falaises de l'île de Noss. Accrochés aux vertigineuses parois rocheuses, les nids des oiseaux de mer (ici, mouettes tridactyles et guillemots de Troïl) surplombent l'océan qui lacère la falaise dans une rage d'écume.

Pages suivantes : Traverser une lande aux Shetland, c'est bien souvent se confronter aux attaques du grand labbe, farouchement territorial.

Posté devant l'entrée de son terrier, sur un tapis rose d'arméries maritimes, ce macareux moine observe les alentours.

La saison de reproduction achevée, ce macareux perdra les plaques cornées vivement colorées de son bec. Le macareux peut emmagasiner une dizaine de lançons dans son bec. Il est capable de les pêcher les uns après les autres grâce à sa langue qui maintient les poissons contre son palais, muni de pointes dirigées vers l'arrière.

Page ci-contre : Les macareux moines viennent à terre uniquement pour nicher, entre avril et juillet. Ils occupent généralement le haut des falaises où ils creusent un terrier, quand ils ne récupèrent pas celui d'un lapin.

Couple de fulmars boréaux.
Silencieux en mer, les fulmars boréaux sont particulièrement loquaces, sur les sites de reproduction, entre partenaires.

Provoquées par des querelles de voisinage, les batailles aériennes ne sont pas rares dans les colonies denses de mouettes tridactyles.

DANS LES PLUMES DES MIGRATEURS

En haut : Oies à tête barrée – parc de Bardia – Népal. Ces oies survolent les sommets de l'Himalaya pour rejoindre leurs quartiers d'hiver.

Ci-contre : Éprouvé par son voyage migratoire, ce cygne chanteur, originaire d'Islande, m'a laissé s'approcher de lui, à quelques mètres à peine.

Ils sont des milliards à survoler la planète et à changer d'hémisphère chaque année. Voyageurs nocturnes, d'altitude ou du confins des océans, ces ambassadeurs du cycle de la vie se dérobent bien souvent au regard des hommes. Il faut se rendre sur leurs zones de reproduction, les falaises nordiques, la toundra arctique ou les îles subantarctiques ; dans leurs étapes migratoires, à l'instar des grèves bretonnes, qui fournissent gîte et couvert ; ou encore, sur leurs aires d'hivernage, une baie abritée du Pacifique, un marigot africain, un marais népalais, une prairie andalouse. Là, on peut y contempler ces vagabonds des airs et des océans ; y ressentir toute la palpitation et l'effervescence du peuple migrateur.

ETRE UN OISEAU MIGRATEUR. J'ai toujours été fasciné par la migration animale, en particulier celle des oiseaux qui défient bon nombre d'obstacles et de contraintes naturelles (météo, topographie, nuit, chasse, etc.). J'ai moi-même appris à voyager en suivant leur sillage, dans les deux hémisphères : être dans les plumes d'un oiseau migrateur le temps d'une année ; connaître la magnificence et la désolation des paysages du Nord, parcourir les côtes atlantiques, de baies indolentes en falaises véhémentes, de lagunes satinées en marais somnolents, puis choisir ma villégiature hivernale, quelque part en Afrique. Enfin, dans un ultime sursaut, glisser jusqu'à la pointe extrême du continent africain, là où l'Atlantique cède sa place à l'océan Indien, dans un fracas d'écume et d'ailes venues de l'Antarctique. Beaucoup de mes voyages ont été consacrés à l'observation des oiseaux migrateurs, dans des ambiances singulières qui auréolent ces grands mouvements migratoires.

SEPTEMBRE 2001, AFRIQUE DU SUD, PROVINCE DU CAP. J'en rêve depuis des années : voir les albatros évoluer dans une mer déchaînée, louvoyer dans le creux des vagues sans un seul battement d'ailes. Le rêve sera bientôt réalité. Petit matin dans le port de Simon's town, non loin du cap de Bonne-Espérance. J'attends impatiemment l'arrivée de John Graham, le guide ornitho qui organise ces sorties en mer. La journée s'annonce plutôt bonne ; un ciel couvert mais pas de vent, condition sine qua non pour dépasser la cap de Bonne-Espérance, lieu tumultueux où se télescopent de puissants courants. Pendant l'hiver austral, de mai à septembre, de nombreuses espèces océaniques en provenance des îles subantarctiques viennent frôler, de leurs immenses ailes, les côtes de la région du Cap. Ces eaux particulièrement poissonneuses, en raison du courant du Benguela, sont exploitées par de nombreux chalutiers hauturiers qui concentrent dans leur sillage des milliers d'oiseaux de mer. Il faut donc espérer repérer un des ces bateaux de pêche. Nous quittons la sereine baie de False, célèbre pour ses baleines de Biscaye et ses requins blancs, en direction du large. Le cap est en vu, noyé dans une brume matinale. Notre bateau est nommé le « Zest », l'enthousiaste en anglais : c'est avec beaucoup d'entrain, en effet, qu'il faut se préparer à affronter les creux intimidants de cette mer hostile. Nous nous faisons bringuebaler d'un bord à l'autre du bateau. La barre des courants est enfin franchie ; nous épousons le rythme moins brutal de la houle.

ÉMOTIONS DU LARGE. Rapidement, les premiers messagers des îles mythiques viennent affirmer leur suprématie dans les flots : quelques puffins à menton blanc, damiers du Cap et nos premiers albatros. Un point lumineux attire l'attention du capitaine : un chalutier. Il nous faudra près de deux heures pour nous rendre sur son lieu de pêche. Nos efforts seront néanmoins récompensés : jusqu'à 10 000 oiseaux, et 30 espèces différentes, se mélangent pour notre plus grand plaisir. Cette frénésie d'ailes et de becs qui se chamaillent pour quelque menu déchet donne lieu à un spectacle extraordinaire. Les seigneurs des océans retiennent particulièrement notre attention : albatros à cape blanche, à sourcils noirs en majorité et parmi eux, quelques « perles » comme l'immense albatros hurleur. Avec un poids moyen de 10 kilos et une envergure de 3,5 mètres, cet oiseau fait figure de géant des mers dans les eaux australes. Nos visages s'illuminent en même temps que le ciel clément qui nous fait la grâce de sublimer cette sortie inoubliable.

OCTOBRE 2002, GRANDE-BRETAGNE, BAIE DE WASH. La somptueuse côte de Norfolk, en Angleterre, entremêle cordons dunaires ponctués de pins maritimes, plages sauvages où s'échouent les phoques, vastes prairies mouchetées de cygnes et d'oies sauvages, vasières immenses drapées d'oiseaux migrateurs. En cette fin de journée d'automne, les lumières projettent un feu tamisé sur la plage de Snettisham. Cette baie est réputée pour accueillir d'impressionnants rassemblements d'oiseaux migrateurs, canards et limicoles d'origine scandinave ou sibérienne pour la plupart. Il faut attendre la meilleure heure de marée pour réellement se rendre compte de la densité des oiseaux sur ses grèves nourricières. À perte de vue, l'estran révèle une myriade de limicoles occupés à fouiller frénétiquement le substrat vaseux. Ces petits échassiers se fondent parfaitement dans les ondulations de la grève. Même le pêcheur de coques semble souvent ignorer leur existence. Ces petits et moyens échassiers sont regroupés sous le terme générique de limicoles, du latin *limus colare* signifiant « qui habite le limon ». Cette dénomination fait allusion à leur trait commun : la fréquentation et l'exploitation des vasières littorales au cours de leurs migrations et dans les zones d'hivernage.

Ces oiseaux nicheurs de la taïga et de la toundra manifestent par ailleurs une multitude de différences, aussi bien sur le plan morphologique que sur le plan comportemental. Entre le bécasseau minute pesant 20 grammes et le courlis cendré atteignant le poids de un kilogramme, il est difficile d'établir un net rapprochement ! Les limicoles fréquentent les zones humides sans être des oiseaux d'eau. Ce sont, avant tout, des consommateurs d'invertébrés qui vivent en abondance dans les plateaux vaseux. Chaque espèce capture des proies différentes dans la vase en fonction de sa morphologie : la hauteur des pattes, la forme et la longueur du bec définissent un régime alimentaire particulier qui limite la compétition entre espèces. Ces variations morphologiques favorisent une exploitation optimale du milieu naturel et évitent ainsi un appauvrissement des ressources.

LA FIÈVRE DES MIGRATIONS. Le flot progresse à grande vitesse et rabat ces abonnés des vasières vers des bancs de sable émergés. Les petits échassiers se rassemblent au point de noircir le fond de la baie. La tension qui émane de cette concentration hors du commun est palpable. Au moindre signe de nervosité, ces milliers de courlis, barges, chevaliers, pluviers et bécasseaux décollent d'un seul élan, ondulent comme une série de vagues, puis se reposent dans la même agitation. Leurs envolées donnent naissance à des tourbillons scintillants et des valses trépidantes, sous un ciel imprégné de la magie des grandes migrations.

MAURITANIE, PARC NATIONAL DU BANC D'ARGUIN. Changement de pays, changement de décor. Je suis dans une kaïma, la tente traditionnelle Maure, à l'abri des vents de sable. La chaleur est étouffante ; pas moins de 40 °C. Le parc national du Banc d'Arguin, en Mauritanie, est un milieu austère, peu développé sur le plan touristique. Cette zone protégée a plus une vocation scientifique ; elle conserve ainsi son rôle de sanctuaire ornithologique avec les aspects rudes et sauvages inhérents à la géographie des lieux : absence de route, d'eau douce, climat désertique, aucun ravitaillement possible, etc. Il faut attendre la fin de journée pour aller observer les oiseaux qui se nourrissent dans les baies sablonneuses. Il me plaît de penser qu'il y a, parmi ces oiseaux, quelques individus que j'ai pu observer en Angleterre l'automne dernier, lorsqu'ils entamaient leur descente vers les côtes africaines. Après le crachin européen, ces

L'huîtrier pie est un hôte commun des vasières littorales de la façade atlantique.

nomades changent radicalement de climat. Le banc d'Arguin a bien des attraits pour le peuple migrateur. Outre la tranquillité des lieux, l'enchevêtrement de l'Atlantique avec des centaines d'hectares de prairies marines offre des conditions idéales pour créer une véritable pouponnière dont la dimension dépasse l'imagination.
Le parc national du Banc d'Arguin s'étend sur une longueur de 180 kilomètres et une superficie totale de 12000 kilomètres carrés. Ses hauts-fonds sont couverts de 600 kilomètres carrés d'herbiers, principalement des zostères. Lors des marées de vives-eaux, jusqu'à 500 kilomètres carrés de vasières se mettent à nu pour le plus grand plaisir des crabes et des oiseaux. Ces précieux garde-manger sont devenus, chaque année, entre octobre et mars, le point de rendez-vous de 2,5 millions d'oiseaux, la plus grande concentration mondiale.

Ci-contre : La sterne arctique est un oiseau exceptionnel. Elle rejoint, chaque année, les deux pôles : elle réalise ainsi une migration de 35 000 km entre les rives de l'Arctique et celles de l'Antarctique.

Pages suivantes : Au large du cap de Bonne-Espérance – Albatros à sourcils noirs, albatros à cape blanche, puffins à menton blanc, damiers du Cap. Cette frénésie d'ailes et becs, qui se chamaillent pour quelque menu déchet, donne lieu à un spectacle extraordinaire.

LE DESTIN TRAGIQUE DES HIRONDELLES.

Nous avançons lentement, au gré des vents, à bord de la lanche, une embarcation traditionnelle à voile latine, que les Imraguen, peuple pêcheur du Sahara, utilisent pour pêcher mulets, dorades et autres poissons selon les saisons. Aucun bruit de moteur, rien ne vient troubler notre déambulation dans les chenaux profonds du parc. Il n'y a que la caresse douce du vent, la morsure du soleil, les cris des oiseaux et parfois, le souffle de quelques dauphins à bosse qui chassent dans les chenaux à marée basse. Nous avons d'abord longé les îlots sableux d'Arel, lieu de reproduction des pélicans blancs, et de Nair où se concentrent des dizaines de milliers de limicoles à marée haute. Maintenant, nous prenons la direction de Kiji, une des rares îles où nous sommes autorisés à descendre, en l'absence de colonie d'oiseaux.
Après dix heures de navigation, nous arrivons enfin à terre, sur ce long promontoire sableux entouré de vasières qui s'étendent à perte de vue. Nous installons notre camp pour la nuit. Les lumières pastelles de fin de journée annoncent les heures froides à venir. Beaucoup d'hirondelles virevoltent au ras du sol, en heurtant parfois les buttes de sable. La plupart de ces grandes migratrices remontent d'Afrique du Sud, pour rejoindre nos pays tempérés où elles nicheront dans les semaines à venir. Au banc d'Arguin, ces hirondelles affaiblies, sans doute déroutées par des vents violents, ne peuvent guère trouver de reposoirs et de nourriture, faute d'insectes volants. Une fois la grande tente commune montée, nous assistons à une scène déroutante : des dizaines d'hirondelles s'engouffrent dans la kaïma, afin de trouver refuge pour la nuit. Une fois à l'intérieur, elles se posent sur les seuls reposoirs possibles : nos mains, nos bras et nos têtes ! Epuisées, certaines s'endorment aussitôt, la tête repliée dans les scapulaires. Nous tendons une corde entre les deux poteaux de la tente et posons délicatement chaque hirondelle en les prenant dans nos mains. En rang d'oignons, nous comptons dix-huit « ménagères » qui piaillent de contentement et cherchent leur équilibre sur ce reposoir de fortune.
La nuit ne se déroulera pas sans agitation : certaines choisiront de quitter le perchoir pour dormir sur nos duvets. Au petit matin, nous trouvons trois hirondelles inanimées, raidies par le froid. Les autres se ravigotent progressivement avec les premiers rayons de soleil. Nous attendons, impuissants face à leur avenir proche, qu'elles prennent leur envol, lovées au creux de nos mains. Comment vont-elles surmonter l'épreuve du désert ? Ces hirondelles s'en sortent vivantes pour cette nuit. Ce n'est pas le cas de celles qui ont vainement tenté de s'abriter du froid, posées à même le sable : nous trouvons, derrières les dunes, plusieurs dizaines de cadavres, hirondelles de cheminée et de fenêtre confondues.
Depuis ce jour, j'admire encore plus ces frêles oiseaux, messagères de nos beaux jours. Comment imaginer leur terrible parcours pour arriver jusque sous le toit de nos granges ? L'arrivée printanière des hirondelles est devenue pour moi une pure réjouissance, la joie de revoir leur vol gracieux, leurs poursuites aériennes et d'entendre leurs cris emplir le ciel d'été, tout ce qui fait la beauté d'une nature forte et fragile à la fois.

Envol de limicoles
– baie de Wash – côte de Norfolk – Grande-Bretagne.
Leurs envolées donnent naissance à des tourbillons scintillants et des valses trépidantes, sous un ciel imprégné de la magie des grandes migrations.

Ci-dessus : Fou de bassan.

Ci-contre : Gorgebleue à miroir sur son poste de chant – marais de Guérande – France. La « perle des marais » hiverne au sud-ouest de la péninsule Ibérique, notamment dans l'estuaire du Tage au Portugal.

Pages suivantes : Réserve naturelle du cap Tourmente – Québec. Les grandes oies des neiges effectuent un périple de 4000 km entre les îles de l'Arctique canadien et les côtes Est des États-Unis.

INDEX

Les numéros de pages en italique renvoient aux photos.

Remerciements

Je tiens à rendre hommage à tous ceux et toutes celles qui œuvrent dans l'anonymat pour la protection de la nature, et que j'ai rencontrés lors de mes périples. Tous ces voyages n'auraient pas eu la même saveur sans ces hommes et ces femmes de passion. La liste serait trop longue à énumérer ; je remercie vivement tous les rangers, les guides, les pisteurs, les chauffeurs, les cornacs, propriétaires et managers de lodges qui m'ont accompagné, aidé et donné de leur temps.

Je remercie également les naturalistes bénévoles des associations « Bretagne vivante » et « LPO », qui ont partagé leur passion avec moi quand j'étais plus jeune et m'ont donné envie d'aller plus loin.

Je salue tous les compagnons de voyage, les personnes qui ont subi mon guidage depuis ces dix dernières années ! Ces « victimes » se reconnaîtront sans difficulté.

Je remercie toutes les personnes du monde intimiste du voyage nature/d'aventure qui m'ont un jour accordé leur confiance et avec qui, pour certains, cette relation professionnelle et amicale perdure dans le temps. Un grand salut à l'équipe de Terres Oubliées où tous ensemble nous réalisons de vrais beaux voyages, que l'on porte tous dans notre cœur.

J'ai une pensée affectueuse pour toutes les personnes avec qui j'ai tissées des liens d'amitié au cours de mes périples. Les voyages sont souvent trop courts et les retrouvailles trop fortuites. J'embrasse tous mes ami(e)s du Québec et d'ailleurs.

J'aimerais faire un clin d'œil aux copains d'enfance, ceux du club « Connaître et Protéger la Nature » : Pierre-Yves, Arnaud, Sylvain, Florian et Vincent avec qui j'ai fait mes premières armes de jeune naturaliste. Nos années d'école buissonnière ont largement amplifié ma passion pour la nature. Autre clin d'œil aux autres copains de virée, David, Sébastien et Fabrice avec qui j'ai vécu des moments de nature inaltérables.

Je remercie mes parents, pour m'avoir permis de vivre ma passion quand j'étais jeune. Enfin, je n'aurais jamais abouti tous ces rêves et mené ce travail difficile de photographe animalier sans le soutien permanent de ma femme, Manuella. Une fois encore, je lui dédie ce livre car il n'est pas facile pour une femme de vivre avec un naturaliste baroudeur ! Sans ses encouragements, mon parcours n'aurait pas été le même. Ses critiques sur mon travail me sont précieuses

Contact rapproché avec un éléphant d'Afrique – Afrique du Sud.

TOUS LES ANIMAUX PHOTOGRAPHIÉS DANS CET OUVRAGE SONT DES ESPÈCES SAUVAGES VIVANTS DANS LEUR MILIEU NATUREL. TOUTES LES PHOTOGRAPHIES SONT DE L'AUTEUR.

Prises DE VUES TERRESTRES :
Boîtier Canon EOS 5 et Nikon F 601
Canon 300 mm / f : 2.8 ; multiplicateur Canon x1,4
Sigma apo macro 180 mm / f : 2.8
Sigma 28 mm / f : 2.8

PRISES DE VUES SOUS-MARINES :
Boîtier Nikonos V
Nikon 28 mm / f :3.5

Films : Fuji Provia 100 et 400 asa, Fuji Sensia 100 asa, Kodachrome 64 asa.

Le singe vervet
ou grivet, possède une queue aussi longue que son corps. Ce singe arboricole ne descend à terre que pour rechercher des compléments de nourriture.

Directeur de collection, édition : Marcel Guedj

Création maquette et mise en pages : Nicolas Trautman & Corala

© SN Vilo, Paris 2005
ISBN : 2-7191-0761-1
Dépôt légal : mars 2005

Achevé d'imprimer sur les presses du
Groupe Horizon
Parc d'activités de la plaine de Jouques
200, avenue de Coulin
13420 Gémenos

N° d'imprimeur : 0409-189